ro
ro
ro

Über die Autorin

Rosamunde Pilcher wurde 1924 in Lelant, Cornwall, geboren. Nach Tätigkeiten beim Foreign Office und, während des Krieges, beim Women's Royal Naval Service heiratete sie 1946 Graham Pilcher und zog nach Dundee, Schottland, wo sie seither wohnt. Rosamunde Pilcher schreibt seit ihrem fünfzehnten Lebensjahr. Ihr Werk umfasst bislang fünfzehn Romane, zahlreiche Kurzgeschichten und ein Theaterstück.

Rosamunde Pilcher

Sommer-geschichten

Deutsch von Dorothee Asendorf
und Margarete Längsfeld

Rowohlt Taschenbuch Verlag

5. Auflage Juli 2010

Ungekürzte Ausgabe
Veröffentlicht im Rowohlt Taschenbuch Verlag,
Reinbek bei Hamburg, Juli 2000
Titel der im Wunderlich Taschenbuch
Verlag erschienenen Ausgabe
«Jahreszeiten der Liebe –
Sommergeschichten»

Weitere Copyright-Angaben siehe Seite 255
Printed in Germany
ISBN 978 3 499 33163 3

Inhalt

Das blaue Zimmer

Als die Sonne am Himmel sank und sich lange Schatten über die Dünen erstreckten, leerte sich der Strand allmählich. Mütter riefen unwillige Kinder, lockten sie aus den warmen Ausläufern der sommerlichen Flut. Müde, sonnenverbrannte Kleinkinder wurden in Sportwagen verfrachtet, Picknickkörbe wieder eingepackt, vermisste Sandalen und Handtücher endlich aufgestöbert. Um sieben Uhr war der Strand fast verlassen, bis auf den Bademeister, der vor der Strandhütte in seinem Campingstuhl saß, ein paar unermüdliche Surfer und eine Frau mit einem übermütigen Hund.

Und Emily und Portia.

Emily war vierzehn, Portia war ein Jahr älter.

Emily wohnte im Dorf – sie war hier geboren und hatte ihr ganzes Leben in dem weitläufigen alten Haus gleich hinter der Kirche verbracht. Portia aber kam aus London. Solange Emily zurückdenken konnte, hatten Portias Eltern für den August das Haus der Luscombes gemietet, während die Luscombes ihre Tochter besuchten, die in einer abgelegenen Gegend von Schottland mit einem unaussprechlichen Namen wohnte.

Als kleine Kinder hatten Emily und Portia jeden Sommer zusammen gespielt. Normalerweise hätten sie einander vermutlich kaum beachtet, denn sie hatten wenig miteinander gemein. Aber Portias Geschwister waren alle älter als sie, und Emily war ein Einzelkind. Von ihren Eltern ermuntert, hatten sie eine Gemeinschaft gebildet, die für beide ganz befriedigend war. Sie vertrauten sich gegenseitig.

Portia war es gewesen, die den heutigen Ausflug an den Strand vorgeschlagen hatte. Sie hatte Emily nach dem Mittagessen angerufen.

«... ich bin mutterseelenallein. Giles und seine Freunde sehen sich das Stock-Car-Rennen an ...» Giles war ihr Bruder, er studierte in

Cambridge und war schrecklich geistreich und gebildet. «… und ich wollte nicht mit. Es ist zu heiß, und dort stinkt es so.» Emily antwortete nicht gleich, und Portia bemerkte ihr Zögern. «Du hast doch nichts anderes vor, oder?»

Den Telefonhörer in der Hand, lauschte Emily der Stille im Haus, das in der Nachmittagshitze döste. Als Mrs. Wattis nach dem Mittagessen aufgeräumt hatte, war sie nach Fourbourne zu ihrer Schwester gefahren, wo sie über Nacht zu bleiben gedachte. Emilys Vater war in Bristol. Er hatte heute Morgen eine Geschäftsreise angetreten und würde erst in zwei Tagen zurück sein. Stephanie ruhte sich oben in ihrem Schlafzimmer aus.

«Nein, ich hab nichts weiter vor», sagte Emily. «Ich komm gerne mit.»

«Nimm ein paar Kekse oder belegte Brote mit. Ich habe eine Flasche Limonade. Wir treffen uns an der Kirche.»

Emily hatte Portia ein Jahr nicht gesehen, und kaum erblickte sie sie, wurde ihr beklommen zumute. Immer das Gleiche. All ihre Schulfreundinnen schienen erwachsen zu werden und Emily zu überflügeln, sie wurden versetzt, schafften ihre Zwischenprüfungen, während Emily hinterdreinstolperte, sich an die Geborgenheit der Kindheit klammerte, an das Bekannte, Vertraute. Sie sehnte sich danach, mit den anderen voranzukommen, hatte aber nicht den Mut, den ersten, entschlossenen Schritt zu tun.

Und jetzt Portia.

Portia wurde erwachsen. Sie hatte eine gute Figur. In nur zwölf Monaten hatte sie sich vom Kind in eine junge Frau verwandelt. Ihre knappen Shorts und das eng anliegende T-Shirt zeigten eine schmale Taille, schlanke Hüften, lange, braune Beine. Sie hatte die dunklen Locken schulterlang wachsen lassen, sie hatte sich Ohrlöcher stechen lassen und trug goldene Ohrringe. Sie glitzerten, wenn sie die Haare zurückwarf, verfingen sich in den glänzenden Locken. Sie hatte sich die Zehennägel rosa lackiert und die Beine rasiert.

Als sie über den Golfplatz zum Meer schlenderten, kamen sie an einigen jungen Männern vorbei, Golfspieler auf dem Weg zum nächsten Abschlag. Letztes Jahr hätten die jungen Männer Portia und Emily gar nicht beachtet, aber heute sah Emily deren Augen auf Portia ruhen, und sie beobachtete Portias Reaktion: die Pantomime, die bewundernden Blicke nicht zu bemerken, ihren plötzlichen selbstbewussten Gang, das Zurückwerfen des Kopfes, als ein Windstoß ihr die Haare in die Augen wehte. Die jungen Männer sahen Emily nicht an, und Emily erwartete es auch nicht. Denn wer mochte schon eine sehnige Vierzehnjährige beachten, ohne Formen und Kurven, mit strohblonden Haaren und einer grässlichen Brille?

«Du trägst immer noch eine Brille», bemerkte Portia. «Warum lässt du dir keine Kontaktlinsen verpassen?»

«Vielleicht später, es geht erst, wenn ich älter bin.»

«Ein Mädchen in meiner Schule hat welche, aber sie sagt, am Anfang ist es eine Tortur.»

Emily wurde übel. Sie konnte den Gedanken nicht ertragen, sich Kontaktlinsen in die Augen zu stecken, sowenig wie sie es ertrug, sich die Fingernägel schneiden zu lassen (ihre Mutter hatte ihr die Handhabung einer kleinen Pappnagelfeile gezeigt) oder Brote zu essen, in die Sand geraten war.

Weil sie nicht über Kontaktlinsen sprechen wollte, fragte sie: «Hast du diesen Sommer die mittlere Reife gemacht?»

Portia zog ein gelangweiltes Gesicht. «Ja, aber ich hab die Ergebnisse noch nicht. Ich glaube, es ist ganz gut gelaufen, aber jetzt wollen meine Eltern, dass ich Abi mache. Noch ein paar Jahre Schule, das halte ich nicht aus. Ich versuche sie zu überreden, dass ich nächsten Sommer abgehen und das Abi in einem Paukstudio machen kann oder so was. Die Schule macht mich krank.» Emily bemerkte nichts dazu. «Und du? Hast du die mittlere Reife?»

Emily sah fort von Portia, denn manchmal kamen ihr die Tränen, und sie hatte das Gefühl, dass es jetzt passieren würde.

«Ich mach sie nächstes Jahr.» Auf der anderen Seite der Bucht kroch ein Auto die Straße zum fernen Strand hinunter. Sonnenlicht blinkte auf den Fenstern, als sende es Signale. Sie sah angestrengt hin, und kurz darauf verflüchtigten sich die Tränen, unvergossen. Sie sagte: «Ich sollte sie diesen Sommer machen. Aber Miss Myles, die Rektorin, meinte, es wäre besser, noch ein Jahr zu warten.»

Das Gespräch war ein Albtraum gewesen. Miss Myles war so gütig, so mitfühlend, und Emily hatte nichts anderes tun können, als dazusitzen und sie anzusehen, wie betäubt von Jammer, kaum imstande, ihr zuzuhören. *Keiner erwartet von dir, dass du die Prüfung machst, Emily, ausgerechnet jetzt. Warum lässt du dir nicht noch ein Jahr Zeit? Die Zeit heilt alle Wunden. In einem Jahr wirst du es nicht vergessen haben, weil du deine Mutter niemals vergessen wirst, aber bis dahin sieht sicher vieles anders aus.*

Sie gingen über die Eisenbahnbrücke, eine Holzbrücke für Fußgänger, die den Golfplatz von den Dünen trennte. Auf halbem Wege blieben sie stehen und beugten sich über das Geländer, um auf die Schienen hinunterzusehen, die heute in der prallen Sonne blinkten.

Portia sagte: «Meine Mutter hat mir erzählt, dass dein Vater wieder geheiratet hat.»

«Ja.»

«Ist sie nett?»

«Ja.» Die Stille, die auf dieses einzige Wort folgte, schien eine Anklage gegen Stephanie, deswegen setzte sie hinzu: «Sie ist sehr jung. Erst neunundzwanzig.»

«Ich weiß. Mutter hat es mir erzählt. Sie hat mir auch erzählt, dass ein Baby unterwegs ist. Ist es schlimm für dich?»

«Nein», log Emily.

«Es muss komisch sein, ein Geschwisterchen zu kriegen. Jetzt, meine ich. In deinem Alter.»

«Ist schon in Ordnung.»

Sie hatten eine neue Wiege für das Baby gekauft, aber Emilys Vater hatte Emilys alten Kinderwagen vom Speicher geholt, und Stephanie hatte ihn sauber gemacht, geölt und blank geputzt, und nun wartete er in einer Ecke der Waschküche auf den neuen Insassen.

«Ich meine», fuhr Portia fort, «du hattest nie Geschwister. Es muss komisch für dich sein.»

«Es wird schon gut gehen.» Das hölzerne Brückengeländer fühlte sich warm an; es war splitterig und roch nach Kresol. «Es wird schon gut gehen.» Sie warf einen Holzsplitter auf die Eisenbahnschienen. «Komm weiter. Mir ist heiß, ich will schwimmen», und sie überquerten die Brücke, und ihre Schritte klangen hohl auf den Planken, und dann gingen sie weiter, den Sandweg entlang, der zu den Dünen führte.

Sie schwammen und lagen in der Sonne, die Köpfe im Sand und einander zugewandt. Portia plapperte unaufhörlich, von den nächsten Ferien, wenn sie vielleicht zum Skilaufen gehen würde, von dem Jungen, den sie kennen gelernt und der ihr versprochen hatte, mit ihr in die Roller-Disco zu gehen, von der Wildlederjacke, die ihr Vater ihr zum Geburtstag versprochen hatte. Sie sprach nicht mehr von Stephanie und dem Baby, und Emily war ihr im Stillen dankbar dafür.

Und nun, als der Nachmittag vorüber war, wurde es Zeit, nach Hause zu gehen. Die Flut zog sich zurück, ein dunkler, nasser Sandstreifen lag gerade außer Reichweite der Brecher. Die See war ein Geflirre aus glitzerndem Licht, der Himmel noch wolkenlos und tiefblau.

Portia sah auf ihre Uhr. Sie sagte: «Es ist kurz vor sieben. Ich muss gehen.» Sie wischte den feuchten Sand von ihrem Bikini. «Bei uns findet heute Abend eine Party statt. Giles bringt seine Freunde zum Essen mit, und ich habe Mutter versprochen, ihr zu helfen.» Emily stellte sich das Haus voller junger Leute vor, die sich alle gut kannten, enorme Mengen verspeisten, Bier tranken, die neusten Platten spielten. Es war eine zugleich beneidenswerte und erschreckende Vorstellung. Sie zog ihr T-Shirt über den Badeanzug. «Ich muss auch gehen», sagte sie.

Portia fragte mit ungewohnter Höflichkeit: «Bekommt ihr Besuch?»

«Nein, aber mein Vater ist weg, und Stephanie ist ganz allein.»

«Dann seid ihr bloß zu zweit, du und die böse Stiefmutter.»

Emily sagte rasch: «Sie ist nicht böse.»

«Ist bloß so eine Redensart», sagte Portia. Sie stopfte Handtücher und Sonnenöl in eine Leinentasche, auf der in großen roten Buchstaben ST-TROPEZ stand.

An der Kirche trennten sie sich.

«War nett», sagte Portia. «Machen wir bald mal wieder», und sie winkte lässig und schlenderte davon. Das Schlendern wurde schneller, sie verfiel in Laufschritt. Portia eilte nach Hause, um sich die Haare zu waschen und für das abendliche Vergnügen zurechtzumachen.

Sie hatte Emily nicht zu der Party eingeladen,

und Emily hatte es nicht erwartet. Ihr lag nichts daran, auf eine Party zu gehen. Ihr lag auch nicht viel daran, nach Hause zu gehen und den Abend in Stephanies Gesellschaft zu verbringen.

Stephanie und Emilys Vater waren jetzt fast ein Jahr verheiratet, aber heute waren Stephanie und Emily zum ersten Mal sich selbst überlassen. Ohne ihren Vater als Puffer, der das Gespräch in Gang hielt, bangte Emily vor dem, was ihr bevorstand. Worüber sollten sie sich unterhalten?

Sie schlug die Richtung nach Hause ein. Über den Dorfanger, im Schatten der Eichen, den ausgefahrenen Feldweg entlang, an dessen Ende der Blick aufs Meer fiel. Durch das offene weiße Tor und hinter der Kurve der Zufahrt war das Haus zu sehen.

Von einer seltsamen Vorahnung erfüllt, zögerte Emily. Sie blieb stehen und betrachtete das Haus. Ihr Zuhause. Doch seit dem Tod ihrer Mutter war es nicht mehr ihr Zuhause gewesen. Schlimmer noch, seit ihr Vater Stephanie geheiratet hatte, war es das Zuhause einer Fremden geworden.

Was hatte sich verändert? Kleinigkeiten. Die Zimmer waren aufgeräumter. Es lagen kein Strick- und Nähzeug, keine Bücher und alten Zeitschriften mehr herum. Kissen waren aufgeschüttelt, die Teppiche lagen glatt und gerade.

Die Blumen im Haus sahen anders aus. Emilys Mutter hatte Blumen geliebt, aber kein großes Geschick in ihrer Zusammenstellung bewiesen. Dicke Sträuße wurden in Krüge gestopft, so wie sie gepflückt worden waren. Aber Stephanie konnte mit Blumen zaubern. Kunstvolle Arrangements in riesigen cremefarbenen Vasen standen auf Gestellen, Sträuße aus Rittersporn und Gladiolen, durchsetzt mit Rosen und Wicken und seltsam geformten Blättern, die zu pflücken keinem Menschen außer Stephanie eingefallen wäre.

Dies alles war unvermeidlich und einigermaßen erträglich. Was aber beinahe unerträglich war und Emilys Welt regelrecht auf den Kopf gestellt hatte, war die vollkommene Verwandlung des Schlafzimmers ihrer Mutter. Sonst war nichts im Haus verändert, umgestellt oder anders gestrichen worden, aber das große Doppelzimmer, das auf den Garten und den blauen Bach hinausging, hatten sie leer geräumt und vollkommen neu eingerichtet.

Sie musste ihrem Vater zugute halten, dass er es Emily mitgeteilt hatte.

Er hatte ihr einen Brief ins Internat geschickt. «Ein Schlafzimmer ist etwas Persönliches», schrieb er. «Es wäre nicht fair, von Stephanie zu erwarten, im Schlafzimmer deiner Mutter zu schlafen, und mehr noch, es wäre nicht fair gegenüber deiner Mutter, wenn Stephanie die Sachen, an denen sie am meisten hing, einfach übernehmen würde. Deshalb werden wir alles umkrempeln, und wenn du in den Ferien nach Hause kommst, wirst du es nicht wieder erkennen. Rege dich deswegen nicht auf. Versuche es zu verstehen. Es ist das Einzige, was wir verändern. Der Rest des Hauses bleibt, wie du es immer gekannt hast.»

Sie dachte an das Zimmer. Früher, als ihre Mutter noch lebte, war es schäbig und gemütlich gewesen, nichts hatte zueinander gepasst, aber alles fügte sich fröhlich zusammen, wie die willkürliche Aussaat von Blumen in einer Rabatte. Vorhänge und Teppiche waren ausgeblichen. Auf dem riesigen Messingbett, das Emilys Großmutter gehört hatte, lag eine Tagesdecke aus weißer Häkelspitze, und das ganze Zimmer war voll von Fotografien und altmodischen Aquarellen an den Wänden.

Aber all das gab es nicht mehr. Jetzt war alles eierschalenblau, mit einem passenden hellblauen Teppich und schönen, blassgelb eingefassten Satinvorhängen. Das alte Messingbett war verschwunden, ersetzt durch ein luxuriöses französisches Polsterbett mit Rüschen aus demselben Stoff wie die Vorhänge, und das Bett hatte einen weißen Musselinhimmel, der in einer vergoldeten Krone hoch oben an der Wand zusammengefasst war. Jede Menge weiße Fellteppiche lagen auf dem Boden, und das Badezimmer war ringsum verspiegelt, und es glitzerte von verlockenden Flaschen und Tiegeln. Und alles duftete nach Maiglöckchen. Aber Emilys Mutter hatte stets nach Eau de Cologne und Gesichtspuder gerochen.

Wie sie so in der Abendsonne stand, die Haare nass vom Schwimmen und die bloßen braunen Beine mit Sand überkrustet, sehnte sich Emily plötzlich danach, dass alles so sei wie früher. Zur Haustür hineinlaufen und nach ihrer Mutter rufen zu können, und die Stimme ihrer Mutter würde von oben antworten. Zu ihr zu gehen, sich auf das große einladende Bett zu kuscheln und ihrer Mutter zuzusehen, wie sie am Toilettentisch ihre kurzen, widerspenstigen Haare bürstete oder sich mit einer Quaste aus Schwanendaunen die Nase puderte.

Sie konnte keine innige Beziehung zu Stephanie finden. Nicht, dass sie sie nicht mochte. Stephanie war schön, jugendlich und liebevoll und hatte sich nach Kräften bemüht, einen Platz in Emilys Herz zu erobern. Aber sie waren beide von Natur aus schüchtern. Eine jede hütete sich davor, in die Privatsphäre der anderen einzudringen. Vielleicht wäre es für beide leichter gewesen, wenn kein Baby unterwegs wäre. In einem Monat würde es da sein und in der neuen Wiege in Emilys altem Kinderzimmer schlafen. Ein Wesen, mit dem man rechnen musste und das neue Ansprüche an die Zuneigung von Emilys Vater stellte.

Emily wollte das Baby nicht. Sie mochte Babys nicht besonders. Einmal hatte sie im Fernsehen gesehen, wie ein Neugeborenes gebadet wurde, und sie war entsetzt gewesen. Es sah aus, als würde jemand eine Kaulquappe baden.

Sie wünschte sich, die Zeit zurückdrehen zu können. Wieder zwölf Jahre alt zu sein und nichts mit diesen verstörenden Vorgängen zu tun zu haben. Sie wünschte sich immer, die Zeit zurückdrehen zu können, deswegen war sie so schlecht in der Schule, deswegen hatte sie bei Wettspielen so kläglich versagt, deswegen war sie sitzen geblieben. Das nächste Schuljahr musste sie in Gesellschaft von einer Bande jüngerer Mädchen zubringen, mit denen sie nichts gemein hatte. Ihr Selbstvertrauen war hoffnungslos ausgehöhlt wie die Steilwand einer Klippe, die zu lange der See und dem Wind ausgesetzt gewesen war, sodass Emily zuweilen das Gefühl hatte, nie wieder eine Entscheidung fällen oder eine Leistung vollbringen zu können.

Aber Grübeln tat nicht gut. Sie musste dem bevorstehenden Abend entgegensehen. Sie ging die Zufahrt hinauf, und als sie ihre Badesachen draußen auf der Wäscheleine aufgehängt hatte, ging sie durch die Hintertür ins

Haus. Die Küche war makellos sauber und aufgeräumt. Die runde, holzgerahmte Uhr über dem Geschirrschrank machte beim Ticken ein Geräusch wie eine Blechschere. Emily legte die Reste ihres Picknicks auf den Tisch und ging in die Diele. Die Abendsonne warf einen langen gelben Streifen durch die offene Haustür. Emily blieb in dem warmen Strahl stehen und lauschte. Kein Laut war zu hören. Sie spähte ins Wohnzimmer, aber da war niemand.

«Stephanie?»

Sie war vermutlich spazieren gegangen. Sie ging gern abends spazieren, wenn es kühler war. Emily stieg die Treppe hinauf. Die Tür zum Schlafzimmer stand offen. Sie zögerte. Drinnen sagte eine Stimme ihren Namen.

«Emily. Emily, bist du's?»

«Ja.» Sie überquerte den Treppenabsatz und ging hinein.

«Emily.»

Stephanie lag auf dem schönen Bett. Sie hatte noch ihr baumwollenes Umstandskleid an, aber die Sandalen hatte sie ausgezogen, und ihre Füße waren nackt. Ihr rotgoldenes Haar lag wirr über das weiße Kissen gebreitet, und ihr Gesicht, ungeschminkt und voll kindlicher Sommersprossen, war sehr blass und glänzte von Schweiß.

Sie streckte eine Hand aus. «Ich bin so froh, dass du da bist.»

«Ich war mit Portia am Strand. Ich dachte, du bist spazieren gegangen.» Emily trat ans Bett, aber Stephanies ausgestreckte Hand nahm sie nicht. Stephanie schloss die Augen. Sie drehte den Kopf von Emily weg, und ihr Atem ging plötzlich langsam und schwer.

«Was hast du?»

Aber sie wusste, was es war. Noch bevor Stephanie sich endlich entspannte und die Augen wieder aufmachte. Sie sahen sich an. Stephanie sagte: «Das Baby kommt.»

«Aber es soll doch erst nächsten Monat kommen.»

«Ich glaube, es kommt jetzt. Ich weiß es. Mir war den ganzen Tag so komisch, und ich wollte nach dem Tee ein bisschen raus, an die Luft, und da kamen die Schmerzen. Da bin ich nach Hause gegangen und hab mich hingelegt. Ich dachte, es geht vielleicht vorüber. Aber es ist schlimmer geworden.»

Emily schluckte. Sie versuchte sich auf alles zu besinnen, was sie jemals übers Kinderkriegen gehört hatte. Viel war es nicht. Sie sagte: «Wie oft kommen die Wehen?»

Stephanie langte nach ihrer goldenen Armbanduhr, die auf dem Nachttisch lag. «Diesmal waren es nur fünf Minuten.»

Fünf Minuten. Emilys Herz klopfte heftig. Sie blickte auf die absurde Schwellung, die Stephanies Bauch war, straff gespannt von einem beginnenden Leben unter dem geblümten, weiten Baumwollkleid. Ohne zu überlegen, legte sie sachte ihre Hand darauf.

Sie sagte: «Ich dachte, beim ersten Kind dauert es ewig, bis es da ist.»

«Ich glaube nicht, dass es da eine feste Regel gibt.»

«Hast du im Krankenhaus angerufen? Hast du den Doktor angerufen?»

«Ich habe gar nichts gemacht. Ich hatte Angst, mich zu bewegen, falls etwas passiert.»

«Ich rufe an», sagte Emily. «Jetzt gleich.» Sie versuchte sich zu erinnern, wie das war, als Mrs. Wattis' Daphne ihr Baby bekam. «Sie schicken einen Krankenwagen.» Mrs. Wattis'

Daphne hatte etwas zu lange gewartet und hätte ihr Kind beinahe auf dem Weg ins Krankenhaus bekommen.

«Gerald wollte mich hinbringen», sagte Stephanie. Gerald war Emilys Vater. «Ich möchte es nicht bekommen, wenn er nicht da ist …» Ihre Stimme versagte, und sie hatte Tränen in den Augen.

«Du wirst es vielleicht müssen», sagte Emily. Da fing Stephanie richtig zu weinen an und hörte ganz plötzlich wieder auf. «Oh … da ist die nächste!» Sie langte nach Emilys Hand, und ungefähr eine Minute lang existierte nichts als der panische Griff ihrer Finger, das langsame, heftige Atmen, das Stöhnen vor Schmerz. Es schien eine Ewigkeit zu dauern, aber schließlich ließ es nach. Es war vorüber. Stephanie lag erschöpft da. Ihr Griff um Emilys Hand lockerte sich. Emily zog ihre Hand fort. Sie ging in Stephanies Badezimmer, fand einen sauberen Waschlappen, wrang ihn in kaltem Wasser aus und ging damit ans Bett. Sie wischte Stephanie das Gesicht ab, dann rollte sie den Lappen zu einem Wulst und legte ihn ihr auf die Stirn.

Sie sagte: «Ich muss dich einen Moment allein lassen. Ich geh nach unten, telefonieren. Aber ich horche, du brauchst nur zu rufen …»

Im Arbeitszimmer ihres Vaters stand ein Telefon auf dem Schreibtisch. Sie telefonierte nicht gerne, und sie setzte sich in seinen großen Sessel, um sich Mut zu machen, und auch, weil sie ihm hier so nahe war, wie es ging. Die Telefonnummer des Krankenhauses stand im Verzeichnis ihres Vaters. Sie wählte behutsam und wartete. Als sich eine Männerstimme meldete, bat sie, so ruhig sie konnte, mit der Entbindungsstation verbunden zu werden. Es schien eine Ewigkeit zu dauern. Emily war übel vor Angst und Ungeduld.

«Entbindungsstation.»

Vor lauter Erleichterung fing sie an zu stottern. «Oh … hier … ich meine …» Sie schluckte und fing noch einmal an, langsamer. «Hier spricht Emily Bradley. Meine Stiefmutter sollte ihr Baby erst nächsten Monat bekommen, aber es kommt jetzt. Ich meine, sie hat Wehen.»

«O ja», sagte die Stimme kühl und geschäftsmäßig. Emily stellte sich eine Frau vor, adrett in gestärkter Tracht, die einen Notizblock zu sich heranzog, ihren Stift aufschraubte, um eine Liste von Routinefragen durchzugehen. «Wie heißt Ihre Stiefmutter?»

«Stephanie Bradley. Mrs. Gerald Bradley. Sie hat sich für nächsten Monat im Krankenhaus angemeldet, aber ich glaube, das Baby kommt heute. Jetzt.»

«Hat sie gemessen, wie oft ihre Wehen kommen?»

«Ja. Alle fünf Minuten.»

«Dann bringen Sie sie besser her.»

«Das kann ich nicht. Ich habe kein Auto, und ich kann nicht fahren, und mein Vater ist nicht zu Hause, und hier ist niemand, nur ich.»

Die akute Dringlichkeit der Situation kam endlich am anderen Ende der Leitung an. «In diesem Fall», sagte die Stimme, ohne noch weitere Zeit zu verlieren, «schicken wir einen Krankenwagen.»

«Ich denke», sagte Emily, an Mrs. Wattis' Daphne denkend, «Sie schicken am besten eine Schwester mit.»

«Wie ist die Adresse?»

«Haus Wheal, Carnton. An der Kirche vorbei den Feldweg entlang.»

«Und wer ist Mrs. Bradleys Hausarzt?»

«Dr. Meredith. Ich rufe ihn an, während Sie den Krankenwagen schicken und ein Bett im Krankenhaus bereithalten.»

«Der Krankenwagen wird in ungefähr fünfzehn Minuten bei Ihnen sein.»

«Danke. Vielen Dank.»

Sie legte auf. Blieb einen Augenblick sitzen, biss sich auf die Lippe. Dachte daran, den Doktor anzurufen, dann besann sie sich auf Stephanie und ging wieder nach oben, nahm zwei Stufen auf einmal; Dringlichkeit, Verantwortungsgefühl und Bedeutsamkeit verliehen ihren Füßen Flügel.

Stephanie lag noch mit geschlossenen Augen. Sie schien sich nicht gerührt zu haben. Emily sagte ihren Namen, und sie schlug die Augen auf. Emily lächelte, bemüht, sie zu beruhigen. «Na?»

«Ich hatte wieder eine Wehe. Diesmal waren es nur vier Minuten. O Emily, ich habe solche Angst.»

«Du darfst keine Angst haben. Ich hab im

Krankenhaus angerufen, sie schicken einen Krankenwagen und eine Schwester ... sie werden in etwa einer Viertelstunde hier sein.»

«Mir ist so heiß. Ich fühle mich so verklebt.»

«Ich kann dir aus deinem Kleid helfen. Ich zieh dir ein frisches Nachthemd an. Dann fühlst du dich wohler.»

«Oh, könntest du das tun? In der Schublade ist eins.»

Sie zog die Schublade auf und fand das weiße Batistnachthemd, duftend und mit Spitzenbesatz. Sachte half sie Stephanie aus dem zerknitterten Umstandskleid, aus BH und Schlüpfer. Nackt lag ihr enormer weißer Bauch da. Emily hatte dergleichen noch nie gesehen, aber zu ihrer Verwunderung fand sie es nicht abstoßend. Es schien ihr vielmehr wie ein Wunder, ein sicheres, dunkles Nest mit einem lebendigen Kind darin, das sich bereits bemerkbar machte und der Welt verkündete, es sei Zeit für es, in Erscheinung zu treten. Mit einem Mal war es nicht mehr beängstigend, sondern aufregend. Sie zog Stephanie das Nachthemd über den Kopf, half ihr, die Arme durch die Spitzenärmel zu stecken. Sie holte eine Haarbürste und ein Samtband vom Toilettentisch, und Stephanie nahm die Bürste, strich ihre wirren Haare nach hinten und wand das Band darum, dann legte sie sich zurück und wartete auf die nächste Wehenattacke. Sie ließ nicht lange auf sich warten. Als sie vorüber war, schaute Emily, die sich so erschöpft fühlte, wie Stephanie aussah, auf die Uhr. Wieder vier Minuten.

Vier Minuten. Emily stellte panisch ein paar Berechnungen an. Es sah ganz danach aus, dass das Baby nicht bis zur Fahrt ins Krankenhaus warten würde. In diesem Fall würde es hier geboren werden, in diesem Haus, in dem blauen Schlafzimmer, in dem makellosen Bett. Die Geburt eines Kindes war eine unsaubere Angelegenheit, soviel wusste Emily aus Büchern; außerdem hatte sie einmal einer getigerten Hauskatze zugesehen, als diese einen Wurf Kätzchen hervorbrachte. Man musste Vorkehrungen treffen, und Emily wusste, welche. Sie ging an den Wäscheschrank, entnahm ihm eine Gummiunterlage, die jüngst für das Baby gekauft worden war, und einen Stapel dicke, weiße Badetücher.

«Du bist großartig», sagte Stephanie, als Emily mit einiger Mühe das Bett machte, während ihre Stiefmutter darin lag. «Du denkst an alles.»

«Deine Fruchtblase könnte platzen.»

Stephanie brachte trotz allem ein mattes Lachen zustande. «Woher weißt du das alles?»

«Keine Ahnung. Ich weiß es eben. Mami hat mir alles übers Kinderkriegen erzählt, als sie mich aufgeklärt hat. Sie putzte gerade Rosenkohl, und ich stand am Spülbecken und sah ihr zu und dachte, es müsste eine leichtere Art geben, Kinder zu kriegen.» Sie fügte hinzu: «Aber es geht natürlich nicht leichter.»

«Nein.»

«Meine Mutter hatte nur mich, aber ich weiß, andere Frauen sagen, wenn erst mal alles vorbei ist, dann vergisst man die Schmerzen und findet, dass es wunderbar war, das Baby zu kriegen. Und wenn wieder eins unterwegs ist, fallen einem die Schmerzen wieder ein, und man denkt: Ich muss verrückt gewesen sein, dass ich das noch einmal durchmache, bloß, dann ist es natürlich zu spät. So, wenn's dir recht ist, rufe ich jetzt den Doktor an.»

Mrs. Meredith war am Apparat und sagte, der Doktor mache gerade Patientenbesuche, aber sie werde in der Praxis eine Nachricht hinterlassen, denn dort würde er immer wieder anrufen, um zu hören, ob noch weitere Besuche zu machen seien.

«Es ist furchtbar dringend», sagte Emily, und sie schilderte, was los war, und Mrs. Meredith sagte, in diesem Fall werde sie ihn selbst suchen. «Hast du im Krankenhaus angerufen, Emily?»

«Ja, sie schicken einen Krankenwagen und eine Schwester. Er müsste gleich hier sein.»

«Ist Mrs. Wattis bei euch?»

«Nein, sie ist in Fourbourne.»

«Und dein Vater?»

«Der ist in Bristol. Er weiß nicht, was hier passiert. Stephanie und ich sind ganz allein.»

Es entstand eine kleine Pause. «Ich gehe den Doktor suchen», sagte Mrs. Meredith und legte auf.

«So», sagte Emily, «jetzt müssen wir Daddy erreichen.»

«Nein», sagte Stephanie, «lass uns warten,

bis alles vorbei ist. Sonst gerät er in Panik, und er kann sowieso nichts tun. Wir warten, bis das Baby da ist, dann sagen wir's ihm.»

Sie lächelten sich an, eine Verschwörung zweier Frauen, die beide denselben Mann liebten und beschützen wollten. Gleich darauf wurden Stephanies Augen weit, ihr Mund öffnete sich zu einem gequälten Stöhnen. «Oh, Emily …»

«Ist ja gut …» Emily nahm ihre Hand. «Ist ja gut. Ich bin da. Ich geh nicht weg. Ich bin da. Ich bleib bei dir …»

Fünf Minuten später wunderte sich das Dorf über heulende Sirenen. Der Krankenwagen kam mit Tatütata den ausgefahrenen Feldweg entlanggebraust, bog in das Tor ein und raste die Zufahrt hinauf. Emily hatte kaum Zeit, die Treppe hinunterzugehen, da waren sie schon im Haus, zwei stämmige Männer mit einer Trage und eine Krankenschwester mit einer Tasche. Emily traf sie in der Diele. «Ich glaube, es ist keine Zeit mehr, sie ins Krankenhaus zu bringen.»

«Wo ist sie?», fragte die Schwester.

«Oben. Erste Tür links. Auf dem Bett sind Handtücher und eine Gummiunterlage.»

«Braves Mädchen», sagte die Schwester forsch und verschwand die Treppe hinauf, die Sanitäter hinterdrein. Gleich nach dem Krankenwagen erschien noch ein Auto, hielt mit quietschenden Bremsen auf dem Kies, und wie eine Gewehrkugel schoss der Doktor heraus.

Dr. Meredith war ein alter Freund von Emily. Er fragte: «Was gibt's?»

Sie sagte es ihm. «Es ist einen Monat zu früh. Ich glaube, das muss an der Hitze liegen.» Er gestattete sich ein kleines, vertrauliches Lächeln. «Ist das schlimm, oder wird es gut gehen?», fragte Emily.

«Wir werden sehen.» Er steuerte auf die Treppe zu.

«Was soll ich jetzt tun?», wollte Emily von ihm wissen.

Er blieb stehen und drehte sich nach ihr um. Er hatte einen Ausdruck im Gesicht, den Emily noch nie gesehen hatte. Er sagte: «Mir scheint, du hast schon alles getan. Deine Mutter wäre stolz auf dich. Willst du dich nicht ein bisschen ausruhen? Geh in den Garten und setz dich in die Sonne. Ich sag dir Bescheid, sobald es so weit ist.»

Deine Mutter wäre stolz auf dich. Sie durchquerte das Wohnzimmer, trat durch die offene Glastür auf die Terrasse. Sie setzte sich auf die oberste Stufe der kleinen Treppe, die auf den Rasen hinunterführte. Mit einem Mal war sie sehr müde. Sie stemmte die Ellbogen auf die Knie und stützte das Kinn in die Hände. *Deine Mutter wäre stolz auf dich.* Sie dachte an ihre Mutter. Merkwürdig, sie fühlte sich nicht mehr elend dabei. Das quälende Verlangen nach einem Menschen, den es nicht mehr gab, war verschwunden. Sie sann darüber nach. Vielleicht brauchte man Menschen nur, wenn andere einen nicht brauchten.

Sie saß noch grübelnd da, als Dr. Meredith eine halbe Stunde später durch die Glastür zu ihr herauskam. Sie hörte seine Schritte auf den Steinplatten und drehte sich nach ihm um. Er hatte seine Jacke ausgezogen und die Hemdsärmel aufgekrempelt. Er kam langsam heran und setzte sich zu ihr. Er sagte: «Du hast ein Schwesterchen. Sechseinhalb Pfund und kerngesund.»

«Und Stephanie?»

«Ein bisschen matt, aber sie strahlt. Eine Bilderbuchmutter.»

Ein Lächeln breitete sich auf Emilys Gesicht aus, und gleichzeitig bildete sich ein Kloß in ihrer Kehle, und ihre Augen füllten sich mit Tränen. Dr. Meredith reichte ihr wortlos ein großes weißes Stofftaschentuch, und Emily setzte ihre Brille ab, wischte sich die Augen und putzte sich die Nase.

«Weiß Daddy es schon?»

«Ja. Ich habe eben mit ihm telefoniert. Er kommt sofort nach Hause. Er wird gegen Mitternacht hier sein. Der Krankenwagen ist wieder weggefahren, aber die Schwester bleibt über Nacht hier.»

«Wann darf ich das Baby sehen?»

«Du kannst es jetzt sehen, wenn du willst. Aber nur kurz.»

Emily stand auf. «Ich will's sehen», sagte sie.

Sie gingen ins Haus. Oben gab die Schwester, geschäftig und tüchtig, Emily eine Mullmaske, die sie sich vors Gesicht binden musste. «Nur für alle Fälle», sagte sie. «Das Baby ist eine Frühgeburt, und wir wollen kein Risiko eingehen.»

Emily band sich folgsam die Maske um. Sie ging mit Dr. Meredith in das blaue Schlafzimmer. In dem schönen Bett lag Stephanie, auf Kissen gestützt. Und in ihren Armen, in ein Tuch gehüllt, auf dem Köpfchen einen Haarflaum von derselben Farbe wie Stephanies Haare, lag das neugeborene Baby. Emily sagte verwundert: «Ist die süß.»

«Wir haben sie zusammen auf die Welt gebracht», sagte Stephanie schläfrig zu ihr. «Ich habe das Gefühl, sie ist dein Kind so gut wie meins.»

«Du gibst eine prima kleine Krankenschwester ab, Emily», warf die Schwester ein. «Ich hätte es selbst nicht besser machen können.»

Stephanie sagte: «Jetzt sind wir eine Familie.»

«Hast du dir das gewünscht?», fragte Emily.

«Ich habe es mir mehr gewünscht als alles andere.»

Eine Familie. Alles hatte sich verändert, alles war anders geworden, aber das bedeutete nicht, dass es nicht gut sein konnte. Als sie den Doktor hinausgeführt hatte und sein Auto um die Kurve der Zufahrt verschwunden war, ging Emily nicht gleich wieder ins Haus. Es dunkelte jetzt, der Garten war dämmrig und roch lieblich. Es war ein langer, heißer Tag gewesen. Der erste Stern leuchtete am saphirblauen Himmel. Ein schöner Abend. Genau der richtige Abend für einen Menschen, um mit dem Leben zu beginnen. Genau der richtige Abend für einen Menschen, um mit dem Erwachsenwerden zu beginnen.

Sie war sehr müde. Sie setzte ihre Brille ab und rieb sich die Augen. Nachdenklich betrachtete sie die Brille. Kontaktlinsen wären vielleicht gar nicht so schlecht. Wenn Stephanie es ertragen konnte, ein Baby zu bekommen, dann konnte Emily gewiss lernen, Haftschalen zu tragen.

Sie wollte es probieren. Sobald sie alt genug wäre, wollte sie es probieren.

Den Wind herbeipfeifen

Es war Samstagmorgen. Auf den Bäumen tanzten goldene Lichtflecken, und Wolkenschatten huschten über die Berge, jagten sich hinaus zum fernen, blauen Meereshorizont.

Jenny Fairburn hatte mit den beiden Hunden der Familie einen Spaziergang gemacht und war auf dem Heimweg und richtig schön müde, da sie lange unterwegs gewesen war – ganz um den See herum und dann heimwärts auf dem ausgefahrenen, gewundenen Feldweg. Ihr Zuhause, das alte Pfarrhaus neben der verfallenen Kirche, winkte schon. Nach Norden hin bot ihm ein Kieferngehölz Schutz, die Fenster nach Süden blitzten im Sonnenschein und schienen Willkommenssignale auszusenden. Jenny musste ans Mittagessen denken, schließlich war sie nicht nur müde, sondern auch hungrig. Sie wusste, es gab Lammbraten, und bei dem Gedanken lief ihr das Wasser im Mund zusammen wie einem hungrigen Kind.

Dabei war sie in Wirklichkeit zwanzig, ein großes, mageres Mädchen mit rötlichblondem Haar und hellem Teint, ein Erbteil der Mutter ihres Vaters, einer echten Hochlandschottin. Sie hatte dunkle Augen, eine schmale Stupsnase und einen großen und ausdrucksvollen Mund. Wenn sie lächelte, strahlte ihr Gesicht auf, aber wenn sie böse oder niedergeschlagen war, dann wirkte sie mürrisch und unansehnlich, wie sie sehr wohl wusste.

Sie gab den japsenden Hunden auf der hinteren Veranda zu saufen und zog sich die verdreckten Stiefel aus. Von der Küche her hörte sie die Stimme ihrer Mutter, vermutlich ein Plausch am Telefon, denn das Auto von Jennys Vater stand noch nicht wieder in der Garage, er brachte den Morgen auf dem Golfplatz zu.

Auf Socken betrat sie die Küche, hmm, es duftete nach brutzelndem Lammbraten und scharfer Minzsoße.

«... wirklich sehr lieb von dir», sagte ihre Mutter gerade. Sie drehte sich um, sah Jenny und lächelte etwas geistesabwesend. «Ja. Ja. Gegen halb sieben? Wir alle. Gut. Wir freuen uns schon. Wiederhören.» Sie legte auf und fragte ihre Tochter mit einem Lächeln: «Hast du einen schönen Spaziergang gemacht?»

Das hörte sich etwas zu aufgeräumt an. Jenny kräuselte die Stirn. «Wer war das am Telefon?»

Mrs. Fairburn bückte sich gerade, machte die Bratofentür auf und prüfte den Braten. Eine duftende Dampfwolke entwich.

«Ach, Daphne Fenton.»

«Was will sie?»

Mrs. Fairburn schloss die Bratofentür und richtete sich auf. Ihr Gesicht war rot angelaufen, aber das machte vielleicht nur die Hitze der Bratröhre. «Sie hat uns heute Abend auf einen Drink eingeladen.»

«Was wird denn gefeiert?»

«Gar nichts. Fergus ist zum Wochenende daheim, und Daphne hat ein paar Leute auf einen Drink eingeladen. Ihr liegt besonders daran, dass du kommst.»

Jenny sagte: «Ich will aber nicht.»

«Aber Kind, es geht nicht anders.»

«Du kannst ja sagen, dass ich anderweitig verabredet bin.»

Nun stand ihre Mutter neben ihr. «Sieh mal, ich weiß, dass er dir wehgetan hat, und ich weiß, wie sehr du Fergus geliebt hast, aber das ist vorbei. Nächsten Monat heiratet er Rose. Irgendwann musst du für jedermann klarstellen, dass du dich damit abgefunden hast.»

«Das wird schon noch, wenn sie erst verheiratet sind. Aber das sind sie noch nicht, und Rose mag ich einfach nicht.»

Da war nichts zu machen. Sie starrten sich an, und dann hörten sie Mr. Fairburns Auto in die Toreinfahrt einbiegen.

«Dein Vater. Und sicher halb verhungert.» Mrs. Fairburn gab Jenny einen liebevollen Klaps auf die Hand. «Ich muss die Soße machen.»

Nach dem Mittagessen, als der Abwasch erledigt war und die Küche wieder ordentlich aussah, widmete sich jeder seinem Hobby. Mr. Fairburn zog seine Gartenkluft an (in der ein Gärtner, der auf sich hielt, sich nicht ums Verrecken hätte blicken lassen) und machte sich draußen ans Blätterharken; Mrs. Fairburn verzog sich und nahm die neuen Wohnzimmervorhänge in Angriff, die schon seit einem Monat der Fertigstellung harrten, und Jenny wollte angeln gehen. Sie holte ihre Rute und ihre Angeltasche, zog den alten Jagdrock ihres Vaters und Gummistiefel an und gab den Hunden eindeutig zu verstehen, dass sie dieses Mal nicht mitkommen konnten.

«Darf ich dein Auto nehmen?», fragte sie ihre Mutter. «Ich will zum See, vielleicht fange ich ja was.»

«Wenn's geht, drei Forellen. Fürs Abendessen.»

Als Jenny den See erreichte, sah sie, wie still das braune Wasser war, wie spiegelglatt es dalag. ‹Zu windstill zum Angeln›, würde Fergus gesagt haben. ‹Wir müssen wohl den Wind herbeipfeifen.›

Ungefähr eine Meile weiter zweigte ein grasbewachsener Weg von der Straße ab und führte zum Wasser hinunter. Hier bog Jenny ein, und das kleine Auto rumpelte und hüpfte über Grasbüschel und Heide. Sie stellte es ein paar Meter vom Ufer ab, nahm ihre Rute und die Tasche und ging zu dem kleinen Ruderboot, das auf den schmalen Kiesstrand hochgezogen war.

Aber sie kletterte nicht gleich hinein. Stattdessen setzte sie sich ans Ufer, lauschte auf die Stille, die gar nicht so still war, sondern voller Geraschel und Geraune. Bienengesumm, in der Ferne Schafgeblöke, Windgesäusel, sachtes Wassergeplätscher auf den Kieselsteinen.

‹Wir müssen wohl den Wind herbeipfeifen.›

Fergus … Was tun mit einem Mann, der fast von der Wiege an Teil des eigenen Lebens gewesen war? Ein Junge mit geflickten Jeans, der am Ufer Muscheln sammelte. Ein junger Mann mit abgetragenem Kilt, der den Hügel hochkam. Ein erwachsener Mann, ungeheuer kultiviert und attraktiv, mit glattem, dunklem Haar und Augen so blau wie der See an einem Sommertag. Was tun mit einem Mann, mit dem man sich gezankt und mit dem man gelacht hatte, der immer Freund und Gegenspieler gewesen war und der am Ende – das wusste sie jetzt – der Einzige sein würde, den sie überhaupt lieben konnte?

Er war sechs Jahre älter als Jenny, also sechsundzwanzig, und der Sohn der Fentons, die den Hof Inverbruie, zwei Meilen die Straße runter, bewirtschafteten.

Er ist wie ein Bruder, sagten alle, denn Jenny war ein Einzelkind. Sie wusste jedoch, so war es nie gewesen. Denn welcher Bruder brachte wohl die Geduld auf, stundenlang dazusitzen und einem kleinen Mädchen das Angeln beizubringen? Welcher Bruder würde wohl auf Partys mit einem schlaksigen Teenager tanzen, wenn es jede Menge ältere, reizendere und hübschere Mädchen gab?

Und als Jenny auf das Internat in Kent geschickt wurde und so furchtbares Heimweh nach Schottland hatte, dass sie in jedem Brief nach Haus bettelte, heimkehren zu dürfen, da war es Fergus gewesen, der ihre Eltern schließlich davon überzeugt hatte, dass Jenny genauso gut die heimische Creagan Highschool besuchen könne und dabei tausendmal glücklicher sein würde.

Eines Tages, hatte sie sich geschworen, eines Tages heirate ich ihn. Er muss sich in mich verlieben, und dann heirate ich ihn und ziehe als

Frau des Jungbauern zwei Meilen die Straße runter, nach Inverbruie.

Aber diese rosigen Zukunftspläne erfuhren eine leichte Trübung, als Fergus sich entschloss, nicht Landwirt wie sein Vater zu werden, sondern nach Edinburgh zu gehen und sich dort zum Steuerberater ausbilden zu lassen.

Na wenn schon. Flink änderte Jenny ihre geheimen Pläne für sie beide ab. Eines Tages muss er sich in mich verlieben, und dann heirate ich ihn und ziehe nach Edinburgh, und wir haben ein kleines Haus in der Ann Street und besuchen zusammen Symphoniekonzerte.

Der Gedanke, in Edinburgh zu leben, hatte, ehrlich gesagt, etwas Beängstigendes an sich. Jenny konnte Städte nicht ausstehen, aber vielleicht war Edinburgh ja gar nicht so schlimm. Und übers Wochenende könnten sie nach Haus fahren.

Doch Fergus blieb nicht in Edinburgh. Nach seinem Examen wurde er ins Hauptbüro seiner Firma versetzt und ging nach London. London? Zum ersten Mal verspürte Jenny leise Zweifel. London. Würden ihr so weit von zu

Haus ihre geliebten Berge und der See nicht schrecklich fehlen?

«Warum gehst du nicht auch nach London?», fragte ihre Mutter, als Jenny auch mit der Schule fertig war. «Du könntest da studieren. Dir vielleicht mit jemand eine kleine Wohnung teilen.»

«Das halte ich nicht aus. Das ist noch schlimmer als Kent.»

«Edinburgh also? Ein kleiner Tapetenwechsel würde dir gut tun.»

Und so ging Jenny nach Edinburgh und lernte Steno und Schreibmaschine, verbesserte ihr Französisch und besuchte Galerien, und wenn sie Heimweh hatte, stieg sie auf Arthur's Seat und stellte sich vor, sie stünde oben auf Ben Creagan. Zu Ostern war der Kursus vorbei, sie bekam ein Zeugnis, wie es sich gehörte, und dann war es Zeit heimzufahren. Wahrscheinlich kam Fergus zu Ostern auch nach Haus, und sie überlegte, ob er wohl eine Veränderung an ihr bemerken würde.

Es konnte doch sein, er sah sie an wie die Leute in Büchern, so als sähe er sie zum ersten

Mal, und vielleicht würde ihm endlich aufgehen, was Jenny schon seit Jahren wusste. Dass sie füreinander bestimmt waren. Endlich würden all die trügerischen Tagträume wahr werden. Es bedeutete natürlich, dass sie in London leben musste, aber mittlerweile war Jenny klar, dass ihr ein Leben ohne Fergus nirgendwo Spaß machen würde.

Als ihr Zug in Creagan einlief, hing sie aus dem Fenster und sah ihre Mutter auf sie warten, und das war seltsam, denn in der Regel holte sie Vater ab.

«Schätzchen!» Sie fielen sich in die Arme und küssten sich, und dann mussten die Koffer aus dem Zug geholt und zum Parkplatz geschafft werden, wo das Auto wartete. Inzwischen war es fast dunkel, die Straßenlaternen brannten, und die Luft roch nach Bergen und Torf.

Sie fuhren durch die kleine Stadt und bogen in die Nebenstraße ein, die zu ihrem Haus führte. Dabei kamen sie an Inverbruie vorbei.

«Ist Fergus da?»

«Ja. Er ist zu Haus.» Jenny freute sich schon. «Er hat – er hat eine Freundin mitgebracht.»

Jenny wandte den Kopf und starrte das hübsche Profil ihrer Mutter an. «Eine Freundin?»

«Ja. Ein junges Mädchen namens Rose. Du hast sie vielleicht schon im Fernsehen gesehen. Sie ist Schauspielerin.» Eine Freundin. Ein junges Mädchen. Eine Schauspielerin? «Er hat sie vor ein paar Monaten kennen gelernt.»

«Hast du sie schon gesehen?»

«Nein, aber morgen Abend sind wir alle zu einer Party dort eingeladen.»

«Aber – aber …» Schock und Elend waren so schlimm, dass es ihr die Sprache verschlug. Mrs. Fairburn hielt an und drehte sich zu Jenny um. «Darum habe ich dich auch vom Bahnhof abgeholt. Ich wusste, es würde dir nahe gehen. Ich wollte mit dir darüber reden.»

«Ich möchte – ich möchte einfach nicht, dass er jemand mit nach Creagan bringt.» Das hörte sich selbst für ihre Ohren jämmerlich kindisch an.

«Jenny, Fergus gehört dir nicht. Er hat ein Recht darauf, sich neue Freunde zu suchen. Er ist ein erwachsener Mann und lebt sein eigenes Leben. Und du musst dir auch ein eigenes Leben zurechtzimmern. Du kannst nicht ewig zurückblicken und deinen Kinderträumen nachtrauern.»

Nicht ihre Worte trafen am schlimmsten, sondern die Tatsache, dass sie von Anfang an Bescheid gewusst hatte.

«Ich – ich liebe ihn wirklich.»

«Ich weiß. Es tut sehr weh. Die erste Liebe tut immer sehr weh. Jetzt heißt es die Zähne zusammenbeißen und durch. Hauptsache, du lässt dir nicht anmerken, wie schwer dir das fällt.» Sie saßen und schwiegen ein Weilchen vor sich hin. «Geht's?», fragte schließlich ihre Mutter, und Jenny nickte. Mrs. Fairburn ließ den Motor an, und sie fuhren weiter.

«Was meinst du, ob er sie heiratet?»

«Keine Ahnung. Aber nach dem, was mir Daphne Fenton erzählt hat, kann es durchaus sein. Sie sagt, er hat sich eine Wohnung in Wandsworth gekauft, und Rose näht ihm Schonbezüge.»

«Hältst du das für ein schlechtes Zeichen?»

«Schlecht nicht gerade. Aber es lässt auf einiges schließen.»

Jenny schwieg erneut. Als sie dann in die Einfahrt des Pfarrhauses einbogen, kam sie in Bewegung. «Kann sein, ich mag sie.»

«Ja», sagte Mrs. Fairburn. «Schon möglich.»

Und sie gab sich alle Mühe, Rose zu mögen. Das war jedoch schwierig, denn ohne zu wissen, dass es Rose war, hatte sie diese im Fernsehen in einem Krankenhausdrama gesehen, in dem Rose eine Krankenschwester gespielt hatte. Schon damals hatte Jenny sie lahm gefunden: dieses herzförmige Gesicht, das sich mit den verschiedensten Emotionen abquälte, wobei sie äußerste Verzweiflung mit einem leichten Beben in der gepflegten Stimme zu vermitteln suchte. Im wirklichen Leben war Rose ziemlich hübsch. Sie hatte seidiges schwarzes Haar, das ihr lockig bis auf die Schultern fiel, und sie trug ein Kleid mit tief angesetzter Taille, in dessen schwingenden Falten es unversehens aufblitzte und aufschimmerte.

«Fergus hat mir schon so viel von dir erzählt», sagte sie zu Jenny, als man sie in Inverbruie bekannt machte. «Er sagt, dass ihr praktisch zusammen aufgewachsen seid. Ist dein Vater auch Landwirt?»

«Nein, Bankmanager in Creagan.»

«Und du hast immer hier gelebt?»

«Ja, richtig einheimisch und vom Lande. Ich bin hier sogar zur Schule gegangen. Den Winter über war ich in Edinburgh, aber es ist einfach himmlisch, wieder daheim zu sein.»

«Wird es dir denn gar nicht langweilig in diesem gottverlassenen Kaff?»

«Nein.»

«Und was hast du jetzt vor?»

«Weiß ich noch nicht.»

«Komm nach London. Wo kann man sonst schon leben, sag ich immer zu Fergy. Komm nach London, und wir passen auf dich auf.» Sie streckte die Hand aus, und ihre Hand schloss sich um Fergus' Arm. Der war gerade in ein Gespräch mit jemand anders vertieft, aber sie zog ihn zu sich rüber. «Liebster, findest du nicht auch, dass Jenny einfach nach London kommen muss?»

Fergus und Jenny blickten sich in die Augen; Jenny lächelte und stellte erstaunt fest, dass es ihr bemerkenswert leicht fiel.

Fergus sagte: «Jenny hält nichts vom Stadtleben.»

Jenny hob die Schultern. «Das ist Geschmackssache.»

«Willst du hier etwa versauern?» Rose konnte es nicht fassen.

«Den Sommer über schon.» Sie hatte eigentlich noch nicht darüber nachgedacht, aber in diesem Augenblick stand ihr Entschluss fest. «Ich suche mir wahrscheinlich einen Ferienjob in Creagan.» Besser, sie wechselte das Thema. «Meine Mutter hat mir von der Wohnung in Wandsworth erzählt.»

«Ja ...», setzte Fergus an, aber weiter kam er nicht, denn Rose fuhr dazwischen.

«Sie ist himmlisch. Nicht sehr groß, aber sehr sonnig. Fehlt nur noch der letzte Schliff, dann ist sie einfach super.»

«Hat sie einen Garten?», fragte Jenny.

«Nein. Aber ein, zwei Blumenkästen. Ich finde, wir sollten sie mit Geranien bepflanzen. Richtig dunkelrote. Dann können wir so tun, als wären wir auf Mallorca oder in Griechenland, nicht wahr, Liebster?»

«Wie du willst», sagte Fergus.

Dunkelrote Geranien. Du liebe Zeit, dachte Jenny, er muss sie wirklich lieben. Und auf einmal ertrug sie den Anblick der beiden nicht länger. Sie erfand eine Ausrede und verdrückte sich. Und für den Rest des Abends redete sie kein Wort mehr mit Rose, und mit Fergus auch nicht.

Aber sie entkam Fergus nicht, denn am nächsten Tag suchte er nach ihr und fand sie beim Frühjahrsputz des Sommerhauses.

«Jenny.»

Sie schüttelte gerade die Binsenmatte aus, als er auftauchte, und sie erschrak so, dass sie einen Augenblick lang zur Salzsäule erstarrte.

«Was willst du?», brachte sie schließlich heraus.

«Ich wollte dich sehen.»

«Wie nett. Wo ist Rose?»

«Zu Hause. Wäscht sich die Haare.»

«Die sahen doch ganz sauber aus.»

«Jenny, jetzt hör mir mal zu.»

Sie seufzte abgrundtief und machte eine ergebene Miene. «Kommt darauf an, was du mir zu sagen hast.»

«Ich möchte nur, dass du mich verstehst. Verstehst, wie die Dinge liegen. Ich möchte nicht, dass du böse bist. Ich möchte das Gefühl haben, dass wir wenigstens noch miteinander reden können. Und Freunde bleiben können.»

«Wir reden doch, oder?»

«Und Freunde?»

«Ach, einmal Freund, immer Freund. Was wir uns auch antun.»

«Und was habe ich dir angetan?»

Sie warf ihm einen zornigen, vorwurfsvollen Blick zu und warf dann die Binsenmatte auf die Erde.

«Na schön, du magst Rose also nicht. Gib es ruhig zu», sagte er.

«Meine Gefühle für Rose sind weder so noch so. Ich kenne sie nicht weiter.»

«Ist es dann nicht ein bisschen unfair – Rose und auch mir gegenüber –, wenn du so voreilig urteilst?»

«Ich finde nun mal, dass uns überhaupt nichts verbindet.»

«Nur weil sie gesagt hat, dass du in Creagan noch versauerst?»

«Was geht sie das eigentlich an?»

Jetzt konnte sich sein Jähzorn mit ihrem messen. Sie sah, wie er die Zähne zusammenbiss, das Anzeichen kannte sie, und es freute sie, dass sie ihn in Rage gebracht hatte. Irgendwie war es Balsam für ihre wunde Seele.

«Jenny, wenn du den Rest deines Lebens hier verbringen willst, dann endest du noch als Landpomeranze im ausgebeulten Tweedrock und keinen anderen Gesprächsthemen als Hunde und Angeln.»

Jetzt wurde sie ausfallend. «Weißt du, was? Lieber das als eine drittklassige Schauspielerin mit einem Knopfmund.»

Er lachte, aber er lachte über Jenny, nicht etwa mit ihr. Und dann sagte er etwas Unverzeihliches: «Ich glaube, du bist eifersüchtig. Manchmal bist du einfach unmöglich.»

«Und du bist manchmal ganz schön blöd, bloß dass mir das erst jetzt aufgegangen ist.»

Fergus machte auf dem Hacken kehrt, überquerte den Rasen und verschwand. Jenny sah ihm nach, und ihre Wut legte sich so rasch, wie sie aufgeflammt war. Na schön, die Worte waren zwar in der Hitze des Gefechts gesagt worden, doch zurücknehmen ließen sie sich nicht. Nichts würde mehr so sein wie früher.

Jenny fand einen Job in Creagan, arbeitete in einem Geschäft, das Touristen Shetlandpullover und Schmuck aus Bergkristall verkaufte. Um den Juli herum erzählte ihr die Mutter, dass sich Fergus und Rose verlobt hatten und im September in London heiraten wollten, wo Rose' Eltern wohnten. Bloß eine stille Hochzeit mit ein paar engeren Freunden aus London. Doch jetzt waren sie noch einmal nach Inverbruie gekommen, und es sollte schon wieder eine kleine Party stattfinden, nur dass Jenny nicht den Mut aufbrachte, daran teilzunehmen. Wenn sie erst verheiratet waren, redete sie sich ein, war alles anders. Dann würde sie es energisch anpacken und vielleicht ins Ausland gehen, sich in den französischen Alpen einen Job als Zimmermädchen suchen oder auf einer Yacht die Gäste bekochen. Aber jetzt wurde ihr langsam kalt, und Forellen fürs Abendessen hatte sie auch noch nicht gefangen. Sie stand auf, kletterte den heidekrautbewachsenen Hang hinunter, löste die Vorleine, schob das Boot ins Wasser und ruderte los.

Mit dem Angeln hatte es seine besondere Bewandtnis: Wenn man angelte, konnte man an nichts anderes denken. Sie ruderte weit auf den See hinaus, zog dann die Riemen ein und ließ sich vom Wind zum Ufer zurücktreiben. Der hatte aufgefrischt und kräuselte die Wasseroberfläche. Sie warf die Angel aus.

Auf dem Weg hörte sie ein Auto kommen, war aber zu vertieft, als dass sie es weiter beachtet hätte. Ein-, zweimal biss etwas an, und endlich hatte sie einen Fisch am Haken, konzentrierte sich ganz auf ihn und begann ihn vorsichtig einzuholen. Sie fischte ihn aus dem Wasser und ließ ihn unten ins Boot fallen.

Wie aufs Stichwort sagte eine Stimme: «Gut gemacht.»

Der Störenfried hatte sie erschreckt, sie blickte von ihrer Arbeit auf und erschrak gleich noch einmal. Es hatte sie, ohne dass sie es merkte, bis auf mehrere Meter ans Ufer getrieben; das Auto, das sie auf dem Weg hatte hören können, hatte angehalten und war etwas entfernt geparkt, und am Ufer stand eine einsame Gestalt und sah ihr zu. Fergus.

Er war barhäuptig, und der Wind sträubte ihm das dunkle Haar. Er trug eine Tweedjacke und Cordhosen, die in grünen Gummistiefeln steckten. Keine Angelkluft. Jenny saß in dem schaukelnden Boot, blickte ihn an und überlegte, ob er sie tatsächlich gesucht hatte und fragen wollte, wieso sie sich weigerte, zu der Party zu kommen. Vielleicht wollte er sie ja überreden, es sich nochmal zu überlegen. Und wenn, dann gab es wieder Streit, wieder Krach. Eines war klar, lieber würde sie nie wieder mit ihm reden, als sich noch einmal so schrecklich mit ihm in die Wolle zu bekommen.

Er grinste. Und sagte noch einmal: «Gut gemacht. Das hast du super hingekriegt. Besser hätte ich es auch nicht gekonnt.»

Jenny erwiderte nichts. Stattdessen hantierte sie eifrig mit der losen Schnur herum, rollte sie auf, holte die Fliege ein. Behutsam legte sie die Angelrute weg, dann blickte sie Fergus an.

Sie sagte: «Wie lange bist du schon hier?»

«Zehn Minuten oder so.» Er steckte die Hände in die Jackentasche. «Ich habe dich gesucht. Deine Mutter hat mir gesagt, dass du hier bist. Ich muss mit dir reden.»

«Worüber?»

«Jenny, stell nicht schon wieder alle Stacheln auf. Friede, ja?»

Das war nicht mehr als fair. «Na schön.»

«Dann komm und hol mich.»

Jenny machte keinerlei Anstalten, war aber während ihrer Unterhaltung weiter an Land getrieben worden, und als sie noch zögerte, hörte sie, dass der Kiel auf Sand knirschte. Ehe sie sich's versah, war Fergus schon ins Wasser gewatet, hatte sich den Bug geschnappt, ein langes Bein über das Dollbord geschwungen und war ins Boot geklettert.

«Und jetzt», sagte er, «gibst du die Riemen her.»

Wie hätte sie sich wohl weigern können. Mit ein paar kräftigen Schlägen wendete er das leichte Boot, und schon ging es wieder auf die Mitte des Sees zu. Erst nach gut zehn Minuten blickte er sich um, fand, sie wären weit genug draußen, zog die Riemen ein und stellte den Kragen seiner Jacke hoch, denn der Wind hatte aufgefrischt.

«So», sagte er, «jetzt reden wir.»

Besser, sie ging zum Angriff über. «Meine Mutter hat dir wohl erzählt, dass ich heute Abend nicht mitkomme. Darum geht's, was?»

«Ja, darum geht es. Und um mehr noch.»

Sie wartete, dass er sich weiter dazu äußerte, doch er schwieg sich aus. Sie sahen sich über die Ruderbank hinweg an und mussten plötzlich lächeln. Und auf einmal war Jenny eigenartigerweise wunschlos glücklich und friedlich. Es war so lange her, dass sie mit Fergus in einem Ruderboot mitten auf dem See gesessen hatte, wo sie die vertrauten Berge von allen Seiten umgaben, sich der Himmel über ihnen wölbte und er sie anlächelte. So fiel es ihr leichter, nicht nur mit ihm, sondern auch mit sich selbst ehrlich zu sein.

«Ich möchte einfach nicht kommen. Ich möchte Rose nicht wieder sehen. Das ändert sich sicher, wenn du erst mit ihr verheiratet bist. Aber jetzt …» Sie hob die Schultern. «Ich bin wohl feige», gab sie am Ende zu.

«Das hört sich nicht nach Jenny an.»

«Vielleicht bin ich das auch gar nicht. Vielleicht bin ich ganz durcheinander und mit mir selbst nicht im Reinen. An dem Tag beim Gartenhaus, da hast du gesagt, dass ich eifersüchtig bin, und damit hast du natürlich ins Schwarze getroffen. Ich habe dich wohl immer für mein Eigentum gehalten, aber das war falsch, oder? Kein Mensch gehört einem anderen, nicht mal, wenn man verheiratet ist.»

«Niemand ist eine Insel.»

«Ich habe immer geglaubt, dass Teile eines Menschen eine Insel sein müssen. Man kann in den Kopf eines anderen Menschen nicht hineinkriechen.»

«Nein. Das kann man nicht.»

«Und ewig Kind bleiben kann man auch nicht. Man muss erwachsen werden, ob man will oder nicht.»

Er sagte: «Hast du den Job in Creagan bekommen?»

«Ja. Aber Oktober ist Schluss damit, dann macht der Laden den Winter über dicht. Ich bin wild entschlossen, unternehmungslustig zu werden und mir eine Beschäftigung zu suchen, die sehr gut bezahlt wird und in meilenweiter Ferne liegt. Wie Amerika oder die Schweiz.» Sie lächelte ironisch. «Das dürfte Rose gefallen.»

Fergus schwieg sich aus. Er blickte sie unverwandt an, beobachtete sie mit seinen blitzblauen Augen.

«Und», fragte sie höflich, «wie geht es Rose?»

«Ich weiß nicht.»

Jenny kräuselte die Stirn. «Das müsstest du aber. Wo sie doch in Inverbruie ist.»

«Nein, das ist sie nicht.»

«Sie ist nicht …?» Ein Brachvogel flog über sie hinweg, stieß seinen klagenden Ruf aus, und das Wasser plätscherte und gluckste gegen die Bootsplanken. «Aber Mutter sagt …»

«Sie hat sich verhört. Meine Mutter hat nichts von Rose gesagt; deine Mutter hat als selbstverständlich angenommen, dass Rose mitgekommen ist. Wir heiraten nicht. Die Verlobung ist geplatzt.»

«Geplatzt? Soll das heißen …? Aber wieso hat Mutter mir das nicht gesagt?»

«Weil sie es nicht gewusst hat. Ich habe es ja noch nicht mal meinen eigenen Eltern erzählt. Du solltest es als Erste wissen.»

Das rührte Jenny aus unerfindlichen Gründen so sehr, dass ihr fast schon die Tränen kamen. «Aber warum? Warum, Fergus?»

«Du hast es gerade gesagt. Kein Mensch gehört einem anderen.»

«Hast – hast du sie denn nicht geliebt?»

«O ja. Ich habe sie sehr geliebt.» Das konnte er sagen, ohne dass sie nur im Geringsten eifersüchtig war, sie bedauerte ihn, weil es schief gelaufen war. «Aber man heiratet nicht nur einen Menschen, sondern auch sein Leben, und Rose' Leben und meines liefen anscheinend nebeneinanderher wie Eisenbahnschienen, ohne wirklich in Berührung zu kommen.»

«Wann ist das alles passiert?»

«Vor ein paar Wochen. Darum bin ich übers Wochenende hochgefahren; ich wollte es meinen Eltern sagen und meiner Mutter zeigen, dass ich nicht daran denke, an gebrochenem Herzen zu sterben.»

«Wirklich nicht?»

«Vielleicht ein kleines bisschen, aber nicht schlimm.»

«Rose hat dich geliebt.»

«Für ein Weilchen, ja.»

Jenny zögerte, und dann sagte sie: «Ich liebe dich.»

Fergus sah aus, als würden ihm gleich die Tränen kommen.

«Oh, Jenny.»

«Besser, du weißt es. Wahrscheinlich hast du es schon immer gewusst. Ich habe mir nie vorstellen können, dass ich das mal jemand sage, am allerwenigsten dir, aber ich weiß auch nicht, auf einmal geht es ganz leicht. Ich meine, stör dich nicht daran, ich will es bloß gesagt haben. Das ändert gar nichts. Ich werde mir einen Spitzenjob suchen, mich von Creagan loseisen und in die große, weite Welt hinausziehen.»

Sie lächelte und wartete auf sein Lächeln, mit dem er diesen vernünftigen Plan eines erwachsenen Menschen gutheißen würde. Aber er lächelte nicht. Er blickte sie nur lange an, und sie merkte, dass ihr das Lächeln verging, weil er so traurig aussah. Dann sagte er: «Tu's nicht.»

Jenny kräuselte die Stirn. «Aber Fergus, ich dachte, du findest es gut. Dass ich aus Creagan weggehe und auf eigenen Füßen stehe.»

«Die Vorstellung, du könntest weggehen und auf eigenen Füßen stehen, ist mir einfach unerträglich», sagte er rundheraus.

«Na schön, auf wessen Füßen dann?»

Die Frage war albern, brachte jedoch alles wieder ins rechte Lot. Sie hatte ihn damit so überrumpelt, dass er ganz gegen seinen Willen lachen musste, ein ironisches Lachen, mit dem er genauso über sich selber lachte wie über sie. «Ich weiß nicht. Wahrscheinlich auf meinen. Die Wahrheit ist, du bist so lange Teil meines Lebens gewesen, dass ich den Gedanken nicht ertrage, du könntest weggehen und uns alle verlassen. Mich verlassen. Wie wäre das Leben dann langweilig. Niemand, mit dem ich mich zanken könnte, den ich anbrüllen könnte, der mich zum Lachen bringen würde.»

Jenny dachte darüber nach. Sie sagte: «Also, wenn ich nur ein Fünkchen Stolz hätte, dann würde ich weggehen. Würde ein Mädchen sein, das sich zu gut für einen Lückenbüßer ist.»

«Wenn du ein Fünkchen Stolz hättest, würdest du mir nicht gesagt haben, dass du mich liebst.»

«Das musst du doch gewusst haben.»

«Ich weiß nur, dass du schon lange vor Rose da warst.»

«Und was war Rose dann?»

Er schwieg. Dann sagte er zaghaft: «Pause, bitte, ja?»

«Ach, Fergus.»

«Ich – ich mache dir, glaube ich, gerade einen Heiratsantrag. Wir haben sowieso genug Zeit vertan. So schlau hätte ich schon vor langer Zeit sein sollen, was?»

«Nein.» Auf einmal war sie sehr weise. «Vor langer Zeit wäre zu früh gewesen. Ich habe gedacht, du gehörst mir. Aber jetzt weiß ich, wie gesagt, dass kein Mensch einem anderen gehören kann. Nicht mit Haut und Haaren. Und erst wenn man meint, man verliert etwas, geht einem auf, was es einem wert ist.»

«Was ich auch feststellen durfte», sagte Fergus. «Was für ein Glück, dass wir das beide zur gleichen Zeit festgestellt haben!»

Hier draußen auf dem Wasser wurde es allmählich kühl. Ehe sie sich's versah, fröstelte Jenny.

«Dir ist kalt», sagte Fergus. «Ich bringe dich zurück.» Er griff nach den Riemen, warf einen Blick über die Schulter, um sich zu orientieren, und wendete das kleine Boot.

Auf einmal fiel es Jenny ein. «Ich kann noch nicht zurück, Fergus. Ich habe nur eine Forelle gefangen, und zum Abendessen brauchen wir drei.»

«Zum Teufel mit dem Abendessen. Wir gehen aus. Wir laden die Eltern ein, und ich spendiere euch allen ein Abendessen im Wappen von Creagan. Was meinst du, sollen wir Sekt auffahren lassen und es als Verlobungsfeier ausgeben – aber nur wenn du möchtest!»

Es ging in Richtung Heimat, zurück zum Anleger, und das kleine Boot schoss nur so über das bewegte Wasser des Sees. Der Wind blies von achtern. Sie schlug den Kragen ihrer Jacke hoch und steckte die Hände tief in ihre geräumigen Taschen. Sie lächelte ihren Herzallerliebsten an. Sie sagte: «Und ob.»

Ringelblumengarten

Er hatte nicht vorgehabt, nach Brookclere zu fahren. Brookclere lag in Hampshire, mitten auf dem platten Land, fünfzehn Meilen von der Autobahn Southampton–London entfernt, und er hatte einfach daran vorbeibrausen wollen, ohne die Abfahrt zu beachten.

Aber irgendetwas – vielleicht die Erinnerung, vielleicht die vertraute Landschaft, die im Schein der Nachmittagssonne vor sich hin döste –, irgendetwas verlockte, verführte ihn. Schließlich war alles vorbei. Zu Ende. Julia und ihr frisch gebackener Ehemann waren sicher noch in den Flitterwochen, aalten sich in der herrlichen Hitze des Mittelmeers oder segelten in einem Boot über türkisfarbene, glasklare westindische Gewässer. Für ihn war sie jedenfalls unerreichbar geworden.

Vor ihm entrollte sich die breite Straße und verschwand wieder hinter ihm. Zu beiden Seiten Dörfer, Obstgärten, Gehöfte, die im Vorbeifahren rechts und links zurückblieben, unberührt, unverändert. Kühe grasten im Schatten von Baumgruppen, und die Felder standen üppig und gelb vom reifenden Korn.

Das Schild kam auf ihn zu. *Lamington. Hartston. Brookclere.* Miles nahm den Fuß vom Gas. Die Nadel des Tachos fiel von siebzig auf sechzig, dann auf fünfzig. *Was zum Teufel soll das?* Aber bei dem Gedanken an das alte, glyzinienüberrankte Haus aus rotem Backstein, an den Rasen, der sich zum Fluss hin senkte, und an den berauschenden Rosenduft zog es ihn an wie ein Magnet. Er konnte einfach nicht anders. Und er wusste es. Da kam die Abfahrt, die Brücke über die Autobahn. Er blickte in den Rückspiegel, prüfte den Verkehr hinter sich, und dann zog es ihn unausweichlich auf die langsame Spur, auf die Ausfahrt und zur Brücke hoch.

Vielleicht habe ich das von Anfang an vorgehabt, dachte er ironisch. Und warum auch nicht? Für Erinnerungen war es zu spät. Zehn Tage zu spät.

Außer Sicht- und Hörweite der Autobahn war ihm die Gegend schlagartig vertraut. Diese Straße kannte er, dieses Dorf; in dem Pub hatte er nach einem Cricketmatch Bier getrunken, in dem Haus da hinter dem eindrucksvollen Doppeltor war er zu einer Party geladen gewesen. Zum ersten Mal war er vor vier Jahren hier entlanggefahren, und während er jetzt auf den schmalen Landstraßen dahinbummelte, fiel ihm jeder Augenblick, jede Einzelheit jener Fahrt wieder ein: Aufgeregt war er gewesen und ein wenig bange, denn er kam frisch von der Landwirtschaftsschule und fuhr zu einem Vorstellungsgespräch. Es ging um eine Stelle als Verwalter auf der Brookclere Farm, und sein Arbeitgeber sollte eine Mrs. Hawthorne sein.

Sie machten sich bekannt, und sie erläuterte ihm ihre Lage. Ihr Mann war kürzlich verstorben. Ihr Sohn, der den Hof eines Tages übernehmen sollte, musste aber erst noch seinen Dienst bei den Streitkräften quittieren und war augenblicklich in Hongkong stationiert.

«… wenn er entlassen ist, will er auf die Landwirtschaftsschule gehen, aber in der Zwischenzeit brauche ich jemand, der mir hilft … Ich muss doch alles in Schuss halten, bis Derek nach Haus kommen kann.»

Miles dachte bei sich, dass sie viel zu jung für einen erwachsenen Sohn wirkte, aber das sagte er nicht, denn hier handelte es sich um eine geschäftliche Besprechung, da raspelte man kein Süßholz.

«Sie merken schon, ich brauche einen Verwalter. Also, warum sehen wir uns nicht mal ein bisschen um?»

Die Besichtigung des Hofes hatte den ganzen Tag gedauert. Die Nebengebäude waren gut in Schuss, die Ställe sauber. Darauf nahmen sie sich das Ackerland, den Viehbestand, Schafe und Rindvieh vor. In einem kleinen Pferch grasten Pferde.

«Reiten Sie?», fragte er Mrs. Hawthorne höflich.

«Nein. In unserer Familie ist Julia die Pferdenärrin.»

«Ist Julia Ihre Tochter?»

«Ja. Sie arbeitet in einem Antiquitätengeschäft in Harston. Für mich ist das angenehm, weil sie zu Hause wohnt, aber es dürfte nicht mehr lange dauern, dann sucht sie sich eine Wohnung in London. Bei ihren Freundinnen ist das anscheinend gang und gäbe.»

«Ja, so geht es.»

Sie lächelte. «Sie wollten wohl nie in London arbeiten?»

«Nein. Ich wollte nie etwas anderes als Landwirt werden.»

Sie zeigte ihm das Haus, in dem er wohnen würde, ein Backsteinhäuschen mit einem kleinen, völlig verwilderten Garten. «Der sieht leider schlimm aus …»

Er musterte ihn. «Den in Ordnung zu bringen wäre kein Problem.»

«Sind Sie ein begeisterter Gärtner?»

«Sagen wir, ich mag kein Unkraut», antwortete er.

Darüber musste sie lachen. «Ich weiß. Ich verbringe fast meine ganze Zeit damit, das widerliche Zeugs auszurupfen.»

«Genau wie meine Mutter.» Sie blickten sich an und lächelten. So begann ihre Freundschaft.

Schließlich waren sie wieder im Büro. Sie setzte sich nicht in den mächtigen Ledersessel, sondern lehnte am Schreibtisch, die Hände tief in den Taschen ihrer Strickjacke, und blickte Miles an.

«Die Stelle gehört Ihnen, wenn Sie wollen», sagte sie.

Wider alle Vernunft, denn er hätte hier für sein Leben gern gearbeitet, und ehe er sich's versah hatte er vorgeschlagen, sie solle lieber einen Älteren einstellen, einen Mann mit mehr Erfahrung. Aber sie hatte den Kopf zurückgeworfen, hatte gelacht und gesagt: «Lieber Himmel, der würde mich nur in Angst und Schrecken versetzen. Es käme noch so weit, dass er mir sagt, was ich zu tun habe.»

«Dann», sagte Miles, «nehme ich an.»

Er blieb ein Jahr in Brookclere. Er wäre länger geblieben, wenn da nicht Julia gewesen wäre. Er war dreiundzwanzig. Er hatte nie ernsthaft in Betracht gezogen, dass er einmal ein Mädchen kennen lernen, sich verlieben und sich wünschen würde, er könnte den Rest seines Lebens mit ihr verbringen. Er wusste, das passierte nur den anderen. Einigen seiner Freunde war es bereits passiert. Aber irgendwie hatte er sich immer eingebildet, dergleichen läge für ihn noch in weiter Ferne – dazu musste er erst dreißig oder älter sein. Dann wäre die Zeit reif, er hätte es zu etwas gebracht, eine solide Zukunft vor sich, könnte einem geeigneten weiblichen Wesen etwas bieten, so als schenkte er ihr etwas Selbstgebasteltes.

Und dann brach Julia in sein Leben ein, und all die vorgefassten Meinungen, die wie Seifenblasen in seinem Hinterkopf herumspukten, platzten unversehens und waren einfach weg. Warum ausgerechnet Julia? Was hatte sie an sich, das sie von anderen unterschied? Was hatte sie an sich, das alles verzauberte? Meinte man das mit Worten wie Herzensverwandtschaft, Nähe?

Und sie kamen sich tatsächlich nahe. Er sah sie jeden Tag, wenn auch nur kurz. Half ihr, ihr kleines Auto an einem frostigen Morgen in Gang zu bringen, ritt mit ihr an Aprilsonntagen, schwamm mit ihr im Fluss unter dichtem, Schatten spendendem Laub, während Sonnenstrahlen und kleine Mücken über dem braunen, langsam fließenden Wasser tanzten. Im

Herbst harkten sie zusammen Laub und verbrannten es, und es duftete nach Holzrauch. Er erinnerte sich an sie, als sie Heu gemacht hatten: Sie hatte einen zerfledderten, alten Strohhut aufgehabt wie eine Wanderarbeiterin, und ihre Arme waren sonnenverbrannt gewesen, und der Schweiß war ihr übers Gesicht gelaufen. Er erinnerte sich an sie zu Weihnachten, in einem roten Kleid und mit Augen, so aufgeregt wie die eines Kindes.

Und was die Herzensverwandtschaft anging … wenn das bedeutete, zusammen zu lachen, zusammen zu schweigen, ohne sich Zwang aufzuerlegen, dann waren sie verwandt gewesen. Wenn es bedeutete, mit ihr eine Party zu besuchen und vor Stolz zu strahlen, weil sie attraktiver war als jedes Mädchen im Raum, dann waren sie verwandt gewesen. Wenn das bedeutete, es machte ihm nichts, wenn sie mit anderen tanzte, denn nur er, Miles, würde sie nach Hause bringen, würde langsam mit ihr die dunklen Feldwege zurückfahren, während sie wie ein altes Ehepaar den ganzen Abend durchhechelten – dann waren sie verwandt gewesen.

Herzensverwandtschaft. Und ausgerechnet er hatte alles vermasselt.

Es war an einem warmen Sonntagabend um die Schummerstunde, und sie saßen unten am Fluss. Glockengeläut wehte über die Wiesen.

«Ich liebe dich.»

Sie hatte gesagt: «Ich möchte nicht, dass du mich liebst.»

«Warum nicht?»

«Weil ich es nicht möchte. Weil du nicht zu der Sorte Männer gehörst.»

«Zu welcher Sorte gehöre ich denn?»

«Du bist Miles.»

«Und ist Miles so anders als andere Männer?»

«Ja, und er ist tausendmal netter», hatte Julia herzlich gesagt.

«Falls du sagen möchtest, ich bin für dich wie ein Bruder, erwürge ich dich.»

«Nein, einen Bruder hab ich schon.»

«Also ein Hund. Ein treuer Jagdhund.»

«Wie kannst du nur so was sagen!»

«Was soll ich sonst sagen? So wie jetzt kann es nicht ewig weitergehen.»

«Ich möchte nicht, dass sich überhaupt etwas ändert.»

«Julia, alles ändert sich.»

«Warum ich? Warum musst du dich in mich verlieben?»

«Geplant hatte ich das jedenfalls nicht.»

«Ich will mich aber noch nicht verlieben oder heiraten und ein Nest bauen und Kinder kriegen.»

«Was willst du dann?»

«Ich weiß nicht. Mich vielleicht verändern, aber nicht heiraten.»

«Wie denn verändern?»

Sie wandte den Blick ab. Eine dunkle Haarlocke fiel nach vorn und verbarg ihr Gesicht. «Ich kann nicht ewig zu Hause hocken bleiben. Ich könnte doch nach London ziehen. Sukie Robins ... du kennst sie, sie war auch auf der Party. Wir sind zusammen zur Schule gegangen. Also die kriegt eine Wohnung in Wandsworth – und sie sucht jemand, der sie mit ihr teilt.»

Auf diese vernichtende Enthüllung wusste Miles nichts zu sagen, und Julia drehte sich jäh um und blickte ihn wütend an, aber ob sie nun wütend auf ihn oder auf sich war, wer konnte es wissen.

«Ach Miles, für dich ist das klar wie Kloßbrühe. Du tust, was du willst, und was anderes willst du nicht. Du hast gar keine Zweifel. Du gehst deinen Weg, du hast deine Entscheidung getroffen. Aber ich bin erst einundzwanzig und bin mir so unsicher. Es gibt noch so viel, was ich tun könnte …»

Ihm fiel keine Antwort auf diesen Gefühlsausbruch ein. Am Ende sagte er: «Und was ist mit deiner Mutter?»

«Ich liebe sie abgöttisch. Das weißt du. Aber sie wäre die Letzte, die mich hier festhalten würde.»

«Und ich tu das deiner Meinung nach.»

«Ich weiß nicht. Ich weiß nur, dass ich auf Jahre hinaus nicht heiraten möchte. Und ehe ich heirate, will ich noch unheimlich viel unternehmen und will jetzt damit anfangen.»

Nach einem Weilchen sagte er: «Ich bleibe ganz sicher nicht ewig Verwalter. Eines Tages habe ich meinen eigenen Hof. Und stehe auf eigenen Füßen. Es wird nicht immer so sein wie jetzt.»

«Du meinst Geld? Du glaubst doch nicht etwa, ich will dich nicht, weil du kein Geld hast? Wie kannst du nur so was von mir denken?»

«Ich denke eben praktisch.»

«Es hat nichts damit zu tun.»

«Abwarten.»

«Du kannst keine sehr hohe Meinung von mir haben, wenn du so was sagst. Nie hätte ich dich für so materialistisch gehalten.»

«Julia – ich liebe dich so sehr.»

«Dann tut es mir Leid. Es tut mir Leid!» Schon rollten die Tränen, und sie sprang auf. «Es tut mir Leid um dich und um mich. Aber ich lasse mich nicht einfangen … und wie ein toter Schmetterling auf ein Brett spießen …» Und nach dieser ungewöhnlichen Bemerkung drehte sie sich um und floh zurück zum Haus.

Und da saß Miles nun, und die Mücken fraßen ihn halb auf, aber es war ihm einerlei; er hatte alles vermurkst, und es würde nie wieder werden wie früher.

Eine Woche lang schlug er sich damit herum, dann ging er zu Mrs. Hawthorne und kündigte. Sie war nicht dumm, und sie stieg noch in seiner Achtung, als sie ihn rundheraus fragte:

«Ach, Miles, Julia, nicht wahr?»

«Ja.»

«Sie lieben sie?»

«Schon immer, glaube ich. Vom ersten Augenblick an.»

«Ich habe schon befürchtet, dass es so kommen würde. Julia zieht nach London. Sie hat eine Wohnung, und eine Stelle bekommt sie auch. Sie hat es mir gestern Abend erzählt. Aber das ist noch kein Grund, dass Sie auch gehen.»

«Ich muss aber.»

«Ja. Das sehe ich ein. Es tut mir Leid. Ich habe es befürchtet und wiederum auch gewünscht. Ich habe Sie so lieb gewonnen und mich in albernen Träumen gewiegt wie eine sentimentale Glucke. Aber ich wäre eine schlechte Mutter, wenn ich Julia beeinflussen würde.»

«Das … das habe ich nicht gewollt», sagte er.

«Sie trifft keine Schuld. Niemand trifft daran Schuld.»

Er fand eine andere Stelle in Schottland bei der Forstverwaltung. Als er Mrs. Hawthorne davon erzählte, sagte sie mit einem spöttischen Lächeln: «Weiter weg ging's wohl nicht?»

«Kann sein, ich brauche das.»

«Ach, Miles. Lieber Miles. Sie werden mir so sehr fehlen.»

«Ich komme wieder», versprach er.

Aber er war nicht wiedergekommen. Es war in mancherlei Hinsicht ein ganz neues Leben. Es verschlug ihn in eine Einsamkeit, wie er sie noch nie zuvor gekannt hatte, in ein kleines Haus aus Granit in heidebewachsenen Hügeln, die sich endlos erstreckten. Er stieß auf neue Gewohnheiten, neue Probleme, neue Lösungen. Allmählich gewann er neue Freunde. Lernte, dreißig, vierzig Meilen zu fahren, nur um unter Menschen zu kommen. Lebte mit bitterer Kälte und weiten Himmeln, mit Dauerregen und Schneestürmen. Er pflanzte Bäume, entästete Bäume, fällte Bäume und pflügte Land, das bislang nur Heide und den Ruf von Moorhuhn und Brachvogel gekannt hatte. Er lernte, Eis zu schmelzen, wenn das Wasser aus dem Hahn nur noch tröpfelte, lernte, Lachse zu fangen, lernte, den schottischen Reel zu acht zu tanzen. Er lernte, allein zu leben.

Er arbeitete, zuweilen sieben Tage die Woche, und benutzte die selbst auferlegte Fron wie ein Beruhigungsmittel, betäubte damit seine Erinnerungen und sein Herzeleid. Manchmal fand er die Muße, ein Buch oder eine Zeitung zu lesen. Eines Morgens, mehr als zwei Jahre nachdem er Brookclere Lebewohl gesagt hatte, fuhr er die zwanzig Meilen nach Relkirk, weil dort Markttag war, und kaufte sich mit den notwendigen Lebensmitteln auch *The Times.* Und da las er, dass sich Julia mit einem Mann namens Henry Fleet verlobt hatte. Eigentlich wollte er gleich nach Haus fahren, doch nun ging er in den nächsten Pub und wollte sich – zum ersten Mal im Leben – mit voller Absicht langsam und systematisch betrinken.

Was er dann doch nicht tat. Denn im Pub traf er einen alten Freund von der Landwirtschaftsschule, und dieser ungewöhnliche Zufall gab seinem Leben eine völlig andere Richtung.

Es ging jetzt hügelab, und da lag Brookclere in der Senke vor ihm, eine Ansammlung von Cottages an einer Straßenkreuzung, inmitten von Feldern und flachen Hügeln. Er kam zum Pfarrhaus und zur Kirche, fuhr am Pub Zum Blumenstrauß und am Lebensmittelladen vorbei, in dem man alles bekommen konnte. Er kam zum Eichengehölz, die weißen Tore standen offen, dann zum Viehgatter. Brookclere Farm. Er fuhr zwischen zwei getünchten Zäunen entlang, über die kleine Brücke, und da stand das Haus wie eh und je, rosenroter Stein, von Glyzinien überrankt, der Garten versteckte sich hinter Rhododendrongebüsch.

Er fuhr ums Haus herum, hielt auf der Rückseite und stellte den Motor ab. Es roch würzig nach Bauernhof, und man hörte das leise, zufriedene Gegacker von Mrs. Hawthornes Freilandhennen. Er stieg aus, machte die hintere Pforte auf, ging zum Haus hinüber und durch die offene Küchentür. Der Herd summte beschaulich vor sich hin. Rosen prangten in einem Tonkrug mitten auf dem geschrubbten Kiefernholztisch, und die alten Steingutteller standen immer noch auf der Anrichte aufgereiht.

«Mrs. Hawthorne?»

Kein Laut. Keine Antwort. Er ging durch die

Küche und in die Diele; die Tür zum Garten stand offen, ließ die warme Nachmittagsluft herein; dahinter lagen die Terrasse und der lange Rasen, der zum Fluss hin abfiel. In seiner Mitte stand eine Schubkarre, und als er in den Sonnenschein hinaustrat, fand er Mrs. Hawthorne auf Händen und Knien, wie sie friedlich ihre Rabatten jätete.

Er überquerte den Rasen. Sie hörte ihn nicht kommen, merkte aber auf einmal, dass sie nicht allein war. Sie wandte den Kopf, hob eine verdreckte behandschuhte Hand und schob sich das Haar mit dem Handgelenk zurück.

Er sagte: «Hallo.»

«Miles!» Erstaunen und Freude spiegelten sich auf ihrem Gesicht. Sie ließ die kleine Harke fallen und kam hoch. «Oh, Miles!»

Sie hatten sich nie so angefreundet, dass sie sich geküsst hätten, doch jetzt gab er ihr einen Kuss, und sie schloss ihn in die Arme und drückte ihn, dann schob sie ihn auf Armeslänge von sich und blickte ihm in die Augen.

«Was für eine wunderbare Überraschung! Sie sind ja wie aus dem Boden geschossen.»

«Ich komme von Southampton und bin auf

dem Weg nach London. Ich dachte, ich schau mal bei Ihnen vorbei.»

«Und ich vermutete Sie in Schottland.»

«Stimmt auch. Ich arbeite noch immer dort, aber ich habe bei Freunden Ferien gemacht – sie haben ein Häuschen in der Dordogne. Jetzt bin ich auf dem Rückweg. Heute Abend nehme ich den Autoreisezug nach Inverness. Das erspart mir eine lange Fahrt.»

«Wie schön, dass Sie vorbeikommen! Ich bin gerührt.» Sie zog die Handschuhe aus und ließ sie ins Gras fallen. «Kommen Sie, setzen wir uns in den Schatten. Möchten Sie etwas trinken? Wie wäre es mit Saft?»

«Das wäre wunderbar.»

Er folgte ihr zum Haus, betrachtete sie von hinten und fand, die Jahre konnten ihr nichts anhaben. Sie war immer noch so schlank und rank wie ein junges Mädchen, trug das ergrauende blonde Haar lässig kurz geschnitten, und ihr Schritt war ausgreifend und anmutig. Sie verschwand im Haus und kam mit einem Tablett, einem Krug Saft mit klirrenden Eisstückchen und zwei Bechern zurück.

«Sehen Sie sich den Garten nur nicht genauer an. Ich habe zu viel um die Ohren gehabt. Hatte einfach keine Zeit, etwas anzubinden oder Unkraut zu jäten.»

Er wandte den Blick von der vertrauten Aussicht ab und nahm neben ihr Platz. «Wie läuft der Hof?»

«Prächtig.» Sie goss ihm ein Glas Saft ein. «Derek ist nicht mehr Soldat, hat die Landwirtschaftsschule abgeschlossen und den Hof übernommen. So weit scheint alles nach Plan zu laufen, nur werden Sie ihn leider nicht kennen lernen. Er ist nämlich heute nach Salisbury gefahren, wo er sich einen neuen Traktor ansehen will.»

«Und der Verwalter, der nach mir gekommen ist?»

«Hat sich gut gemacht. Er arbeitet jetzt für Freunde von uns auf einem Hof in der Gegend von Newbury. Sein einziger Fehler war, dass er nichts mit Gartenarbeit im Sinn hatte wie Sie, Ihr Garten beim Cottage ist schon wieder Wildwuchs.»

«Dann wohnt also niemand in dem Haus?»

«Nein. Derek überlegt, ob er es vermieten

soll. Wir sind uns noch nicht ganz schlüssig. Und jetzt erzählen Sie von sich. Sind Sie noch immer bei der Forstverwaltung?»

«Nein. Nein, nicht mehr. Ich habe mich mit einem Freund, Charlie Westwell, selbständig gemacht. Wir waren zusammen auf der Landwirtschaftsschule und haben uns ganz zufällig wieder getroffen. Er war gekommen, weil er sich einen Hof ansehen wollte, der zum Verkauf stand, aber allein brachte er nicht genug Kapital auf, dass er ihn kaufen konnte. Wir sind auf der Stelle hingefahren und haben uns alles angesehen. Ein guter Hof, liegt im Tal von Strathmore. Die Art Hof, von der ich immer geträumt habe. Noch am gleichen Abend habe ich meinen Vater angerufen, ihm den Plan erklärt, und der war große Klasse, hat mir die Hälfte meines Anteils in bar gegeben, und ein leidgeprüfter Bankmanager hat mir die andere Hälfte geliehen. Seit vier Monaten bewirtschaften wir jetzt den Hof, und es klappt, glaube ich.» Er grinste. «Das Beste an einem Partner ist, dass man ab und an Urlaub machen kann.»

«Und der war sicher wohlverdient! Hört sich

an, als hätten Sie einen guten Freund wiedergefunden. Wohnen Sie zusammen?»

«Nein. Charlie ist nämlich verheiratet. Er und Jenny wohnen in dem Bauernhaus, und ich habe das Verwalterhäuschen. In Wahrheit ist es recht groß, hat eine neue Küche und Zentralheizung und allen erdenklichen Luxus.»

«Und Sie ...» Sie lächelte. «Haben Sie auch geheiratet?»

«Nein.»

«Das sollten Sie aber, Miles.»

Er trank einen großen Schluck Saft. Der schmeckte sauer und erfrischend, und das Eis klapperte ans Glas. Als er ausgetrunken hatte, stellte er den Becher hin und sagte so leichthin wie möglich:

«Wie ist die Hochzeit gelaufen?»

Sie sagte: «Gar nicht.» Miles blickte rasch auf, und seine Augen trafen sich mit ihren blauen.

«Sie meinen, nicht gut?»

«Nein, das meine ich nicht. Ich meine damit, dass sie gar nicht stattgefunden hat. Fünf Tage vor der Hochzeit sind Henry und Julia zu mir gekommen und haben gesagt, sie wollten doch lieber nicht heiraten. Wir haben eine Anzeige in die Zeitung gesetzt, aber da waren Sie wohl in der Dordogne und haben sie nicht gelesen.»

«Du liebe Zeit», sagte Miles.

Seine Stimme klang ganz normal und gelassen, doch ihm war zumute, als hätte ihm jemand einen Tritt in die Magengrube versetzt und er wäre zu Boden gegangen, und da lag er jetzt, angeschlagen und hilflos. War das Panik, was da in seiner Brust hämmerte? Es dauerte ein, zwei Sekunden, bis er merkte, dass es nur sein eigener Herzschlag war.

Er sagte: «Aber warum?»

Sie hob die Schultern und seufzte tief. «Ich weiß nicht. Ich weiß es einfach nicht. Keiner von beiden konnte einen einleuchtenden Grund angeben.»

«Mochten Sie ihn?»

«Ja. Ja, wirklich. Sehr sogar. Er war ein sehr netter junger Mann. Alles, was sich eine Mutter nur wünschen kann. Sah gut aus, hatte viel Geld, eine gute Stelle. Ich hatte den Verdacht, dass Julia ihn vielleicht mehr liebte als er sie, aber Sie wissen ja, wie sie ist. Zeigt ihre Gefühle, ist mitteilsam. Sie hat aus ihrem

Herzen noch nie eine Mördergrube machen können.»

«Ist Julia wieder in London?»

«Nein. Sie hat ihre Wohnung, ihren Job aufgegeben. Sie ist immer noch hier. Will niemand sehen. Sie ist sehr unglücklich.» Schon wieder trafen sich ihre Blicke, und sie sahen sich lange an. «Ich könnte mir denken», sagte Mrs. Hawthorne, «daß Sie sie lieber nicht treffen möchten.»

«Damit meinen Sie, dass Julia mich nicht treffen möchte.»

«Ach, lieber Miles. Ich weiß nicht, was ich meine.»

Auf einmal sah sie erschöpft und beklommen aus. So als ob sie plötzlich die Maske ablegte und nicht mehr die Praktische, die Starke spielte.

«Wo ist sie jetzt?»

«Wissen Sie noch, die Himbeersträucher, die Sie hinter dem Cottage gepflanzt haben, als Sie da wohnten? Sie sind, glaube ich, nicht lange genug geblieben, um die Früchte Ihres Fleißes zu ernten, aber inzwischen tragen sie prächtig.

Da ist Julia, sie wollte nachsehen, ob sie uns eine Schale zum Abendessen pflücken kann. Vielleicht … vielleicht sind Sie nicht so in Eile und können ihr dabei helfen …?»

Diese Bitte kam ihr aus dem Herzen, das merkte Miles.

Er sagte: «Also, wenn ich gewusst hätte, was passiert ist – ich meine, das mit der Hochzeit –, ich hätte, glaube ich, die Autobahn heute nicht verlassen. Ich wäre bis London durchgefahren.»

«Bin ich froh, dass Sie nichts davon gewusst haben, Miles.»

«Ich möchte nichts aufrühren … wie damals. Ich möchte nicht noch einmal alles kaputtmachen.»

«Wenn ich Sie nicht besser kennen würde, man könnte Sie für selbstsüchtig halten. Julia braucht jetzt keinen Liebhaber, sie braucht Freunde. Und ihr wart gute Freunde …»

«Bis ich alles verpatzt und so was so Dummes gesagt habe wie: ‹Ich liebe dich.›»

«Das war nicht dumm. Ich habe es nie für dumm gehalten. Nur der Zeitpunkt war falsch.»

Von der Rückseite des Hauses führte ein holpriger Weg zwischen windenberankten Steinmauern zum Cottage. Das Cottage, in dem er zwölf unvergessliche Monate gewohnt hatte, schmiegte sich in den Windschatten seiner Gartenmauer. Die kleine Pforte hing schief in den Angeln. Wo einst Kohl, Kartoffeln und Mohrrüben gestanden hatten, wucherten Kreuzkraut und mehr als kniehohes Gras. Nur die Himbeersträucher reckten die Köpfe tapfer über diesen Dschungel. Julia war nirgendwo zu sehen.

Die Hintertür des Cottage war abgeschlossen. Er ging ums Haus, duckte sich unter dornigen Brombeerzweigen und schob hoch aufgeschossene dunkelrote Weidenröschen beiseite. Vor dem Haus hatte er einst Blumen und einen kleinen Rasen gehabt, doch der Rasen war verschwunden, und die Blumen waren im Unkraut untergegangen. Nur die orangefarbenen Ringelblumen hatten irgendwie überlebt, hatten sich ausgesät und sich überall ausgebreitet, ein Teppich bitter duftender Tausendschönchen.

Da war sie; sie pflückte keine Himbeeren, sie

tat gar nichts. Saß in den leuchtenden Blüten, die ihr bis zur Taille gingen. Ihr dunkles Haar war nachlässig zusammengenommen und zu einem Knoten aufgesteckt; ein, zwei Strähnen hatten sich gelöst und fielen ihr ins Gesicht. Sie wirkte sehr mager. So mager hatte er sie nicht in Erinnerung gehabt. Sie hörte seine Schritte nicht, und als er ihren Namen sagte, blickte sie teilnahmslos auf wie jemand, der aus einem Traum erwacht.

«Julia», wiederholte er.

Sie schob sich das Haar aus dem Gesicht und blickte ihn groß an. «Miles!»

«Überraschung», sagte er lächelnd und hockte sich neben sie. «Wolltest du nicht Himbeeren zum Abendessen pflücken?»

«Was tust du hier?»

Er erklärte es ihr mit schlichten, knappen Worten.

«Hast du meine Mutter gesehen?»

«Ja, ich habe sie bei der Gartenarbeit angetroffen.» Er setzte sich neben sie, zerdrückte die Blumen mit seinem Gewicht. «Aber sie hat aufgehört und mir ein Glas Saft angeboten, wir hatten uns nämlich eine Menge zu erzählen.»

«Sie hat's dir gesagt?»

«Ja.»

Julia senkte den Blick. Sie pflückte eine Ringelblume und zerrupfte sie, Blütenblatt für Blütenblatt. Sie sagte: «Du hältst mich sicher für verrückt.» Es hörte sich an, als wollte sie gleich losweinen. Kein Wunder auch. Er konnte sich unschwer vorstellen, dass sie die letzten Wochen wahre Tränenfluten vergossen hatte. Sie war schon immer leicht in Tränen ausgebrochen. Alberne Sachen wie ein schöner Sonnenuntergang oder die lieblichen Stimmen der Chorknaben, die zu einem Lied anhoben, brachten sie zum Weinen. Das hatte er an ihr mit am meisten geliebt.

Er sagte: «Überhaupt nicht. Ich finde, du bist sehr tapfer gewesen. Man braucht eine Menge Zivilcourage, um eine Hochzeit im letzten Moment abzusagen. Aber wenn es für dich richtig war, konntest du gar nicht anders handeln.»

Sie sagte: «Ich mag überhaupt nicht mehr daran denken. Mutter hat sich wunderbar gehalten, aber Derek war rasend. Er hat immer wieder gesagt, dass ich egoistisch bin, dass ich dabei nur an mich denke.»

«Vielleicht hast du dabei auch an Henry gedacht.»

«Das habe ich versucht, Derek klarzumachen.»

«Wenn man jemand wirklich liebt, dann ist es manchmal das Beste, man lässt einfach los.»

«Ich hab ihn geliebt, Miles. Ich hätte mich nicht mit ihm verlobt, wenn ich ihn nicht wirklich geliebt hätte. Er war alles, was ich mir immer vorgestellt und gewünscht hab. Als ich ihn in London kennen gelernt hab, da mochte ich gar nicht glauben, dass er mich überhaupt bemerkt hat. Wo es so viele andere Mädchen gab. Aber dann hat er mich eines Abends eingeladen, und von da an wurde es mit jedem Tag schöner. Mir war, als lebte ich in einer ganz anderen Welt. In der alles heller war und schärfere Konturen hatte. Und als er mich dann gebeten hat, ihn zu heiraten, hab ich ganz schnell ja gesagt, damit er es sich bloß nicht anders überlegt. So war das. Ich habe etwas erlebt, was nicht viele Menschen erleben. Na ja, ich glaube jedenfalls, dass es nicht oft passiert. Kann es gar nicht.»

«Aber am Ende hast du dann gemerkt, dass du es nicht durchziehen konntest.»

Sie wandte den Kopf ab, blickte über den kleinen Garten, die bröckelnde Mauer hinweg auf die idyllische Szene, die sich ihr dahinter bot. Niedrige Hügel und Wäldchen mit friedlichem Vieh, das sich im kühlenden Schatten am Flussufer drängte.

Er sagte: «Es geht nämlich alles vorüber. Vergiss das nicht.»

«Es war das Schlimmste, was ich bislang tun musste. Ich hatte so ein schlechtes Gewissen wegen Mutter. Sie hat monatelang so hart gearbeitet, nur für mich. Es war ein Albtraum.»

«Deine Mutter hat dich verstanden.»

«Mir wäre es fast lieber gewesen, sie hätte getobt. Ich hab mich so geschämt.»

«Es geht vorüber, wie ich schon sagte. Die Zeit heilt alle Wunden. Abgedroschene Allgemeinplätze, und trotzdem wahr, sonst wären es ja keine Allgemeinplätze geworden. Die Hauptsache ist, du bist noch du selbst. Julia. Ein Mensch. Eine Persönlichkeit. Daran musst du dich festhalten.»

Sie saß stumm und regungslos da, und er machte weiter, sprach zu ihr und fragte sich, ob sie ihm überhaupt zuhörte.

«Das Schlimmste hast du hinter dir. Jetzt kann es nur noch besser werden.»

«Ich kann nicht glauben, dass es überhaupt wieder besser wird ...» Auf einmal drehte sie sich zu ihm um, und er sah ein tränenüberströmtes Gesicht, ehe sie sich in seine Arme warf. «Er ... er wollte, alle sollen denken, dass wir beide zu dem Entschluss gekommen sind ...» Er bekam kaum mit, was sie ihm erzählen wollte, so drückte sie das Gesicht an seine Schulter. «Aber in Wahrheit war es Henry, der auf einmal nichts mehr von Heirat wissen wollte. Er hat gesagt, er liebt mich nicht genug, dass er meinetwegen seine Freiheit aufgibt. Er wollte mich nicht mehr ...»

Ihm saß ein Kloß in der Kehle. Er drückte sie an sich, sein Kinn lag auf ihrem Kopf, seine Arme hielten ihren schluchzenden Körper. Ihre Tränen durchnässten seine Hemdbrust.

«Ist ja gut.» Mehr fiel ihm nicht ein.

«Ich weiß nicht, was ich jetzt machen soll ...»

«Soll ich es dir sagen?»

Noch ein paar Schniefer und Schluchzer, und dann zog sich Julia zurück, hob das Gesicht und sah ihn an. Ihre Augen waren ganz verquollen vom Weinen. Er fand, sie hatte noch nie so schön ausgesehen.

Sie versuchte sich die Tränen mit der Hand abzuwischen, und er holte ein Taschentuch aus der Tasche und gab es ihr.

«Was soll ich also machen?», fragte sie.

«Wenn ich jetzt sage, ich habe eine gute Idee, hörst du mir dann zu?»

Anscheinend dachte sie darüber nach. Sie putzte sich die Nase und sagte dann ja.

«Ich finde, du solltest einfach wegfahren, Urlaub machen, neue Leute, eine andere Gegend kennen lernen und versuchen, das Ganze nüchtern und sachlich zu sehen.»

«Aber wohin?»

Er erzählte ihr von Schottland. Von seinem Hof. Von Charlie und Jenny und seinem eigenen kleinen Haus. «Es hat eine mit Geißblatt überrankte Pforte, einen herrlichen Blick, und was da noch alles getan werden muss …»

«Was alles?»

«Vorhänge nähen, Gras mähen, Zäune bauen, Hennen füttern. Spaß haben.»

Sie putzte sich schon wieder die Nase und schob sich das Haar aus dem Gesicht.

«Ach Miles, du bist immer so gut zu mir gewesen. Ich hatte immer das Gefühl, wenn du da bist, dann kann mir nichts Schlimmes zustoßen. Und ich weiß, dass ich dich unglücklich gemacht hab. Aber damals wusste ich noch nicht, wie unglücklich man einen anderen Menschen machen kann.»

«Schade, dass du diese schlimme Erfahrung auch machen musstest.»

«Ich weiß gar nicht, wieso du nach Brookclere zurückgekommen bist.»

«Das ist wie beim Schwimmen, wenn man in eine starke Strömung gerät. Vielleicht ist Liebe ein weitaus beständigeres Gefühl, als ich angenommen habe. Sie wird ein Teil von einem selbst. Ein Herzschlag, ein Nervenende.»

«Wann fährst du zurück?»

«Heute Abend, mit dem Autoreisezug.»

«Könnte ich mitkommen?»

«Wenn du willst. Wenn du nicht zu lange zum Packen brauchst.»

«Ich muss noch Himbeeren pflücken.»

«Ich helfe dir.»

«Es ist … es ist bloß ein Urlaub, ja? Nicht mehr?»

«Du kannst jederzeit nach Hampshire zurück.»

Auf einmal beugte sie sich vor und gab ihm rasch einen kleinen Kuss auf die Wange. Sie sagte: «Ich hatte, glaube ich, vergessen, wie nett du bist. Und was für ein Trost. Mir ist, als wäre ich mit meiner anderen Hälfte zusammen.»

Er sagte: «Für den Anfang ist das ein recht gutes Gefühl.»

Für den Anfang. Er wusste, der Kreis hatte sich geschlossen, und sie standen wieder am Anfang. Nur waren sie beide inzwischen mündige Menschen und den Problemen ihrer alten – und dennoch neuen – Beziehung gewachsen. Er dachte an den Hof, an seine Zukunft, an all die Arbeit, die noch getan werden musste. Er dachte an Charlie und Jenny und war voller Ungeduld, konnte es kaum noch erwarten, nach Haus zu kommen und die Arbeit in Angriff zu nehmen, eine Zukunft zu zimmern, die er Julia eines Tages wie ein wunderschönes, selbst gemachtes Geschenk überreichen würde.

Der Baum

An einem schwülen, glühend heißen Nachmittag im Juli schob Jill Armitage die Sportkarre mit ihrem Söhnchen Robbie durch das Tor eines Londoner Parks und machte sich auf den anderthalb Kilometer langen Heimweg.

Es war ein kleiner Park, nichts Besonderes. Das Gras war platt getreten, die Wege waren von Hunden verdreckt, die Blumenbeete mit Lobelien, knallroten Geranien und eigenartigen Pflanzen mit rotebetefarbenen Blättern bestückt, aber es gab wenigstens einen Spielplatz, ein paar schattige Bäume, mehrere Schaukeln und eine Wippe.

Sie hatte einen Korb mit Spielsachen und einem bescheidenen Picknick eingepackt, der nun an den Handgriffen der Sportkarre hing. Von ihrem Sohn war nichts zu sehen bis auf sein baumwollenes Sonnenhütchen und die roten Leinenschuhe. Er trug knappe Shorts, seine Arme und Schultern hatten die Farbe von Aprikosen. Hoffentlich hatte er keinen Sonnenbrand abbekommen. Er hatte den Daumen im Mund und summte vor sich hin, meh, meh, meh, wie er es immer tat, wenn er müde war.

Sie kamen zur Hauptstraße und warteten, bis sie hinüberkonnten. Der Verkehr strömte zweispurig an ihnen vorbei. Sonnenlicht blinkte auf Windschutzscheiben, die Fahrer waren in Hemdsärmeln, die Luft war schwer von Auspuffgasen und Benzindunst.

Die Ampel sprang um, Bremsen quietschten, der Verkehr kam zum Stehen. Jill schob den Kinderwagen über die Straße. Auf der anderen Seite war die Gemüsehandlung, und Jill dachte ans Abendessen. Sie ging hinein, um einen Kopf Salat und ein Pfund Tomaten zu kaufen. Der Mann, der sie bediente, war ein alter Freund – das Leben in diesem heruntergekommenen Londoner Viertel war ein bisschen wie das Leben in einem Dorf –, er nannte Robbie «mein Schätzchen» und schenkte ihm einen Pfirsich zum Abendbrot.

Jill dankte dem Gemüsehändler und zockelte weiter. Kurz darauf bog sie in ihre Straße ein, wo die georgianischen Häuser einst prachtvoll gewesen und die Bürgersteige breit und gepflastert waren. Seit sie geheiratet hatte und in diese Gegend gezogen war, hatte sie gelernt, sich mit dem Verfall ringsum abzufinden, den schmuddeligen Farben, den kaputten Geländern, den finsteren Souterrains mit den schmutzigen Vorhängen, den feuchten Steinstufen, auf denen Farne sprossen. Doch in den letzten zwei Jahren zeigten sich in der Straße viel versprechende Anzeichen von Verbesserung. Hier wechselte ein Haus den Besitzer, Gerüste wurden angebracht, große städtische Container standen am Straßenrand und füllten sich mit Schutt aller Art. Dort erhielt eine Souterrainwohnung einen frischen weißen Anstrich, Geißblatt wurde in einen Topf gepflanzt und erreichte in kürzester Zeit das Geländer, umschlang es mit von Blüten überladenen Zweigen. Nach und nach wurden Fenster erneuert, Tür- und Fenstersturze repariert, Haustüren glänzend schwarz oder kornblumenblau gestrichen, Messinggriffe und Briefkästen wurden auf Hochglanz gebracht. Eine neue und kostspielige Flotte von Autos parkte am Bürgersteig, und eine vollkommen neue und kostspielige Flotte von Müttern brachte ihre Sprösslinge zur Straßenecke oder holte sie von Kinderfesten ab; die Kleinen trugen Luftballons, Pappnasen und Papierhüte.

Ian sagte, mit dem Viertel gehe es aufwärts, aber es war einfach so, dass die Leute es sich nicht mehr leisten konnten, Grundbesitz in Fulham oder Kensington zu erwerben, und nun ihr Glück weiter draußen versuchten.

Ian und Jill hatten ihr Haus gekauft, als sie vor drei Jahren heirateten, aber noch hing ihnen der Mühlstein der Hypothek am Hals, und seit Robbie geboren war und Jill zu arbeiten aufgehört hatte, waren ihre finanziellen Probleme noch prekärer geworden. Und das Schlimmste war, dass jetzt wieder ein Baby unterwegs war. Sie hatten sich ein zweites Kind gewünscht, aber vielleicht nicht gar so bald.

«Macht nichts», hatte Ian gesagt, als er über den Schreck hinweg war. «Wir bringen alles in einem Aufwasch hinter uns, und denk nur, wie viel Spaß die Kinder zusammen haben werden, bloß zwei Jahre auseinander.»

«Aber wir können es uns nicht leisten.»

«Babys kriegen kostet nichts.»

«Nein, aber es kostet eine Menge, sie aufzuziehen. Und ihnen Schuhe zu kaufen. Weißt du, was ein Paar Sandalen für Robbie kostet?»

Ian sagte, er wisse es nicht und wolle es nicht wissen. Irgendwie würden sie es schon schaffen. Er war ein unverbesserlicher Optimist, und das Beste an seinem Optimismus war, dass er ansteckte. Ian hatte seiner Frau einen Kuss gegeben, war in die Spirituosenhandlung um die Ecke gegangen, um eine Flasche Wein zu kaufen. Den tranken sie an jenem Abend zum Essen, das aus Würstchen und Kartoffelbrei bestand.

«Wir haben wenigstens ein Dach überm Kopf», sagte er zu Jill, «auch wenn es zum größten Teil der Bausparkasse gehört.»

Ja, sie hatten ein Dach über dem Kopf, aber sogar ihre besten Freunde fanden, dass es ein eigenartiges Haus war. Denn die Straße machte am Ende einen scharfen Knick, und Nummer

23, wo Jill und Ian wohnten, war ein hohes und schmales Gebäude, keilförmig, um sich in die Biegung einzupassen. Ebendiese Eigenartigkeit war es, die sie von vornherein ebenso gereizt hatte wie der Preis; denn man hatte das Haus arg verfallen lassen, und es musste viel daran gemacht werden. Seine Eigenartigkeit bildete einen Teil seines Charmes, aber der Charme nützte nicht viel, als ihnen die Zeit, die Kraft und die Mittel ausgingen, um sich des Außenanstrichs anzunehmen oder einen Rauputz auf die schmale Frontseite aufzutragen.

Paradoxerweise glänzte nur das Souterrain. Hier wohnte Delphine, ihre Untermieterin. Delphines Miete trug zur Abzahlung der Hypothek bei. Sie war Malerin und hatte sich mit einigem Erfolg der kommerziellen Kunst verschrieben. Das Souterrain benutzte sie als ihre Londoner Zweitwohnung. Sie pendelte zwischen dieser und einem Cottage in Wiltshire hin und her, wo eine verfallene Scheune zu einem Atelier umgebaut worden war und ein überwucherter Garten zum schilfbewachsenen Ufer eines Flüsschens abfiel. Jill, Ian und Robbie wurden hin und wieder übers Wochenende in diese Idylle eingeladen, und diese Besuche waren jedes Mal die größte Wonne – eine bunt zusammengewürfelte Gästeschar, enorme Mahlzeiten, Unmengen Wein und endlose Diskussionen über esoterische Themen, die meistens über Jills Begriffsvermögen gingen. Diese Ausflüge waren eine nette Abwechslung, wie Ian gerne betonte, wenn sie in ihr eintöniges Londoner Viertel zurückkehrten.

Delphine, die in ihrem wallenden Kaftan ungeheuer dick aussah, saß vor ihrer Eingangstür und aalte sich in dem Streifen Sonnenlicht, das um diese Tageszeit in ihre Domäne drang. Jill hob Robbie aus der Sportkarre, und Robbie steckte den Kopf durch die Geländerstäbe und sah zu Delphine hinunter, die ihre Zeitung weglegte und durch ihre runde, schwarze Sonnenbrille zu ihm hinaufschaute.

«Hallo, ihr zwei», sagte sie. «Wo seid ihr gewesen?»

«Im Park», erwiderte Jill.

«Bei dieser Hitze?»

«Man kann nirgends anders hingehen.»

«Ihr solltet euch den Garten herrichten.»

Das hatte Delphine in den letzten zwei Jahren

in Abständen immer wieder gesagt, bis Ian ihr eröffnete, wenn sie es noch einmal sagte, würde er sie mit seinen eigenen Händen erwürgen. «Fällt den grässlichen Baum.»

«Fang nicht wieder damit an», bat Jill. «Es ist alles so kompliziert.»

«Ihr könntet wenigstens sehen, dass ihr die Katzen loswerdet. Ich konnte heute Nacht vor lauter Geschrei kaum schlafen.»

«Was können wir tun?»

«Allerhand. Nehmt ein Gewehr und erschießt sie.»

«Ian hat kein Gewehr. Und selbst wenn, die Polizei würde denken, wir würden jemand ermorden, wenn wir anfangen, auf die Katzen zu ballern.»

«Was bist du doch für eine ergebene kleine Ehefrau. Na schön, wenn ihr die Katzen nicht erschießen wollt, wie wär's, wenn ihr dieses Wochenende ins Cottage kommt? Ich kann euch in meinem Wagen mitnehmen.»

«Oh, Delphine.» Es war das Netteste, was ihr den ganzen Tag passiert war. «Ist das dein Ernst?»

«Natürlich.» Jill dachte an den schattigen

Garten auf dem Land, den Duft von Holunderblüten und daran, wie sie Robbie mit den Füßen in dem seichten, über Kiesel plätschernden Wasser des Flüsschens planschen ließ.

«Ich kann mir nichts Himmlischeres vorstellen ... aber ich muss hören, was Ian sagt. Vielleicht geht er Kricket spielen.»

«Kommt nach dem Essen runter, dann besprechen wir es bei einem Glas Wein.»

Um sechs Uhr war Robbie gebadet, gefüttert – mit dem saftigen Pfirsich – und in sein Bettchen schlafen gelegt. Jill duschte, zog das kühlste Kleidungsstück an, das sie besaß, einen baumwollenen Morgenrock, und ging in die Küche hinunter, um das Abendessen zu machen.

Küche und Esszimmer, nur durch die schmale Treppe getrennt, nahmen das gesamte Erdgeschoss des Hauses ein, waren aber dennoch nicht groß. Die Haustür führte direkt hier hinein, sodass kein Platz war, um Mäntel aufzuhängen oder einen Kinderwagen abzustellen. Das Fenster auf der Esszimmerseite ging auf die Straße hinaus, aber die Küche hatte eine große Glastür, die vermuten ließ, dass dort einmal ein Balkon gewesen war, vielleicht mit ein paar Stufen, die in den Garten hinunterführten. Balkon und Stufen waren längst zerfallen – vielleicht abgerissen –, verschwunden, und die Glastür öffnete sich ins Leere, tief unten war nur der Hof. Bevor Robbie geboren war, hatten sie die Tür bei warmer Witterung offen stehen lassen, doch nach seiner Geburt hatte Ian sie sicherheitshalber zugenagelt, und so war sie seither geblieben.

Der gescheuerte Kieferntisch stand vor dieser Tür. Jill setzte sich an den Tisch und schnitt Tomaten für den Salat in Scheiben, wobei sie geistesabwesend in den grässlichen Garten sah. Er war von hohen, zerbröckelten Ziegelmauern umschlossen, und es war ein bisschen, als blicke man auf den Grund eines Brunnens hinab. Gleich beim Haus war der gepflasterte Hof, dann kamen ein Stück wucherndes Gras, danach Verwüstung, zertrampelte Erde, alte Papiertüten, die ständig hereingeweht wurden, und der Baum.

Jill war auf dem Land geboren und aufgewachsen und mochte es kaum glauben, dass ein Garten sie wahrhaftig abstoßen konnte, und zwar so sehr, dass sie, selbst wenn es einen Zugang gegeben hätte, ihre Wäsche nicht draußen aufhängen, geschweige denn ihr Kind dort spielen lassen würde.

Und was den Baum anging – den Baum hasste sie regelrecht. Es war ein Ahorn, aber Lichtjahre entfernt von den freundlichen Ahornbäumen ihrer Kindheit, die gut zum Klettern und im Sommer schattig waren und die im Herbst geflügelte Samenkapseln abwarfen. Dieser hier hätte niemals wachsen dürfen, hätte nie gepflanzt werden, nie eine solche Höhe, eine solche Dichte, eine so düstere, bedrückende Größe erreichen dürfen. Er sperrte den Himmel aus, und seine Düsternis schreckte jegliches Leben ab, ausgenommen die Katzen, die schreiend auf den Mauern umherschlichen und auf der spärlichen Erde ihr Geschäft verrichteten. Wenn der Baum im Herbst seine Blätter verlor und Ian trotz Katzendreck tapfer hinausging, um das Laub zu verbrennen, entstand ein schwarzer, stinkender Qualm, als hätten die Blätter in den Sommermonaten alles, was in der Luft schmutzig, ekelhaft oder giftig war, in sich aufgenommen.

Ihre Ehe war glücklich, und die meiste Zeit hatte Jill nicht den Wunsch, dass sich irgendetwas ändern würde. Aber der Baum brachte ihre schlechtesten Seiten zum Vorschein, er flößte ihr den Wunsch ein, reich zu sein, sodass sie auf die Kosten pfeifen und ihn beseitigen lassen könnte.

Manchmal äußerte sie dies laut zu Ian. «Ich wünschte, ich hätte ein riesiges eigenes Einkommen. Oder einen sagenhaft reichen Verwandten. Dann könnte ich den Baum fällen lassen. Warum hat keiner von uns eine Märchenfee als Patin? Hast du nicht irgendwo eine versteckt?»

«Du weißt, ich habe nur Edwin Makepeace, und der taugt ungefähr so viel wie ein verregnetes Wochenende im November.»

Edwin Makepeace war ein regelrechter Familienwitz, und was Ians Eltern bewogen hatte, ihn zum Paten ihres Sohnes zu machen, war ein Rätsel, das Ian nie zu lösen vermocht hatte. Er war ein entfernter Cousin und von jeher als humorlos, anspruchsvoll und krankhaft geizig bekannt. In den vergangenen Jahren hatte er nichts getan, um irgendeine dieser Eigenschaften zu verbessern. Er war einige Jahre mit einer «faden Dame namens Gladys verheiratet gewesen. Sie hatten keine Kinder, lebten einfach zusammen in einem düsteren Häuschen in Woking, aber Gladys hatte ihn wenigstens umsorgt, und als sie starb und er allein zurückblieb, nagte das Problem Edwin ständig am Gewissen der Verwandten.

Armer alter Knabe, sagten sie wohl und hofften, dass jemand anders ihn Weihnachten einlud. Dieser Jemand-anders war gewöhnlich Ians Mutter, eine wahrhaft gutherzige Dame, und es erforderte einige Anstrengung von ihr, die Familienfeier nicht von Edwins bedrückender Anwesenheit beeinträchtigen zu lassen. Dass er ihr nichts weiter schenkte als eine Schachtel Taschentücher, die sie nie benutzte, trug nicht gerade dazu bei, ihn bei den übrigen Anwesenden beliebt zu machen. Es war ja nicht so, betonten sie, dass Edwin kein Geld hatte. Er mochte sich nur nicht davon trennen.

«Vielleicht könnten wir den Baum selber fällen.»

«Liebling, er ist viel zu groß. Entweder würden wir uns selbst umbringen oder das ganze Haus zum Einsturz bringen.»

«Wir könnten einen Fachmann kommen lassen. Einen Baumchirurgen.»

«Und was fangen wir mit den Ästen und Zweigen an, wenn der Chirurg seine Arbeit getan hat?»

«Verbrennen?»

«Ein Feuer von der Größe? Die ganze Siedlung würde in Rauch aufgehen.»

«Wir könnten jemanden fragen. Einen Kostenvoranschlag einholen.»

«Liebling, ich kann dir einen Voranschlag nennen. Es würde ein Heidengeld kosten. Und wir haben kein Heidengeld.»

«Ein Garten. Er wäre wie ein zusätzliches Zimmer. Platz zum Spielen für Robbie. Und ich könnte das Baby im Kinderwagen nach draußen stellen.»

«Wie denn? An einem Seil aus dem Küchenfenster lassen?»

Sie hatten dieses Gespräch schon zu oft geführt in unterschiedlichen Graden von Bitterkeit.

Ich werde es nicht wieder erwähnen, gelobte

sich Jill, aber … Sie hielt mit dem Schneiden der Tomaten inne, und das Messer in der einen Hand, das Kinn auf die andere gestützt, sah sie durch die schmierige Glasscheibe, die man nicht putzen konnte, weil man nicht herankam.

Der Baum. Ihre Phantasie beseitigte ihn, aber was sollte man mit dem Rest anstellen? Was würde auf diesem jämmerlichen Stückchen Erde schon wachsen? Wie könnten sie die Katzen fern halten? Sie grübelte noch über diese unüberwindlichen Probleme nach, als sie ihren Mann die Haustür aufschließen hörte. Sie zuckte zusammen, als sei sie bei etwas Unschicklichem ertappt worden, und fuhr rasch fort, die Tomate in Scheiben zu schneiden. Die Tür schlug zu, und Jill lächelte ihren Mann über die Schulter an.

«Hallo, Liebling.»

Er warf seine Aktenmappe hin, gab Jill einen Kuss. Er sagte: «Gott, ist das heiß heute! Ich bin schmutzig und stinke. Ich geh mich duschen, und dann komme ich und bin charmant zu dir …»

«Im Kühlschrank ist eine Dose Bier.»

«Welch ein Genuss!» Er küsste sie wieder.

«Du dagegen riechst himmlisch. Nach Freesien.» Er lockerte seine Krawatte.

«Das ist die Seife.»

Er steuerte auf die Treppe zu und zog sich im Gehen aus. «Hoffentlich wirkt sie bei mir genauso.»

Fünf Minuten später war er wieder unten, barfuß, in einer verblichenen Jeans und einem kurzärmeligen Hemd, das er für die Hochzeitsreise gekauft hatte.

«Robbie schläft», sagte er. «Ich hab eben reingeguckt.» Er öffnete den Kühlschrank, nahm die Dose Bier heraus und schenkte zwei Gläser ein, trug sie an den Tisch und ließ sich neben Jill auf einen Stuhl fallen. «Was hast du heute gemacht?»

Sie erzählte ihm vom Park, dem geschenkten Pfirsich, von Delphines Einladung fürs Wochenende. «Sie sagt, sie nimmt uns in ihrem Wagen mit.»

«Sie ist ein Engel. Eine herrliche Vorstellung.»

«Wir sollen nach dem Essen auf ein Glas Wein herunterkommen. Sie sagt, dann können wir es besprechen.»

«Eine kleine Party, wie?»

«Das ist eine nette Abwechslung.»

Sie sahen sich lächelnd an. Er legte eine Hand auf ihren flachen Bauch. Er sagte: «Für eine Schwangere siehst du sehr appetitlich aus.» Er aß ein Stück Tomate. «Ist das unser Abendbrot, oder tauen wir was aus dem Tiefkühlschrank auf?»

«Das ist unser Abendbrot. Mit Schinken und Kartoffelsalat.»

«Ich habe einen Mordshunger. Lass uns essen und dann bei Delphine aufkreuzen. Hast du gesagt, sie macht eine Flasche Wein auf?»

«Hat sie gesagt.»

Er gähnte. «Es dürfen auch gerne zwei werden.»

Der nächste Tag war ein Donnerstag. Es war heiß wie eh und je, aber jetzt war es nicht mehr so schlimm, weil man sich aufs Wochenende freuen konnte.

«Wir fahren nach Wiltshire», sagte Jill zu Robbie, während sie einen Schwung Kleidungsstücke in die Waschmaschine lud. «Du kannst im Fluss planschen und Blumen pflücken. Wiltshire, weißt du noch? Delphines Cottage? Weißt du noch, der Traktor auf dem Feld?»

Robbie sagte «Traktor». Er kannte erst wenige Wörter, und dies war eines davon. Er lächelte, als er es sagte.

«Ganz recht. Wir fahren aufs Land.» Sie fing an zu packen; zwar war es noch ein ganzer Tag bis zur Abfahrt, aber es ließ das Wochenende näher erscheinen. Sie bügelte ihr bestes Strandkleid, sie bügelte sogar Ians ältestes T-Shirt. «Wir wohnen in Delphines Cottage.» Verschwenderisch kaufte sie kaltes Huhn und ein Körbchen Erdbeeren zum Abendessen. In Delphines wildem Garten wuchsen Erdbeeren. Sie stellte sich vor, wie sie sie pflücken würde, die heiße Sonne auf dem Rücken, die roten Früchte duftend unter den schützenden Blättern.

Der Tag ging zur Neige. Sie badete Robbie, las ihm vor und brachte ihn in sein Bettchen. Als sie ihn allein ließ – die Augen fielen ihm schon zu –, hörte sie Ians Schlüssel im Schloss und lief hinunter, ihn zu begrüßen.

«Liebling.»

Er stellte seine Aktenmappe hin und schloss die Tür. Er machte ein finsteres Gesicht. Sie gab ihm rasch einen Kuss und fragte: «Was ist passiert?»

«Leider was Dummes. Wäre es sehr schlimm für dich, wenn wir nicht mit Delphine rausfahren würden?»

«Nicht rausfahren?» Vor Enttäuschung fühlte sie sich matt und leer, als würde sie ihres ganzen Glückes beraubt. Ihre Bestürzung stand ihr ins Gesicht geschrieben. «Aber – o Ian, warum nicht?»

«Meine Mutter hat mich im Büro angerufen.» Er zog sein Sakko aus und warf es über das Treppengeländer. Er lockerte seine Krawatte. «Es ist wegen Edwin.»

«Edwin?» Jills Beine zitterten. Sie setzte sich auf die Treppe. «Er ist doch nicht tot?»

«Nein, das nicht, aber anscheinend ist es ihm in letzter Zeit nicht besonders gut gegangen. Der Arzt hat ihm gesagt, er soll sich schonen. Aber jetzt ist sein bester Freund ‹von hinnen geschieden›, wie Edwin sich ausdrückt. Samstag ist die Beerdigung, und Edwin besteht darauf, dazu nach London zu kommen. Mutter hat versucht, es ihm auszureden, aber es ist ihr nicht gelungen. Er hat für die Nacht ein Zimmer in einem miesen, billigen Hotel gebucht, und Ma ist überzeugt, er kriegt einen Herzanfall und stirbt gleichfalls. Aber der springende Punkt ist, dass er sich in den Kopf gesetzt hat, zum Abendessen zu uns zu kommen. Ich habe ihr gesagt, das macht er nur, weil ihm ein kostenloses Essen lieber ist als eins, das er bezahlen muss, aber sie schwört, dass es nicht so ist. Er würde dauernd sagen, er sieht nie was von dir und mir, er hat unser Haus nie gesehen, er will Robbie kennen lernen … und so weiter, du weißt schon.«

Wenn Ian sich aufregte, redete er immer zu viel. Nach einer Weile meinte Jill: «Müssen wir? Ich wäre so gerne aufs Land gefahren.»

«Ich weiß. Aber wenn ich es Delphine erkläre, wird sie es verstehen und die Einladung später wiederholen.»

«Es ist bloß …» Sie war den Tränen nahe. «Es ist bloß, dass wir in letzter Zeit nie was Schönes oder Aufregendes erleben. Und wenn wir was vorhaben, wird wegen Edwin nichts daraus. Warum kann sich niemand anders um ihn kümmern?»

«Ich schätze, weil er nicht viele Freunde hat.»

Jill blickte zu ihm hoch und sah ihre eigene Enttäuschung und Unentschlossenheit in seinem Gesicht gespiegelt. Sie fragte und wusste genau, wie die unvermeidliche Antwort ausfallen würde: «Willst du, dass er kommt?»

Ian zuckte bekümmert die Achseln. «Er ist mein Pate.»

«Es wäre schon schlimm genug, wenn er ein lustiger alter Herr wäre, aber er ist trübsinnig.»

«Er ist alt. Und einsam.»

«Er ist langweilig.»

«Er ist traurig. Sein bester Freund ist gerade gestorben.»

«Hast du deiner Mutter gesagt, dass wir nach Wiltshire eingeladen sind?»

«Ja. Sie meint, wir müssen es bereden. Ich habe ihr gesagt, dass ich Edwin heute Abend anrufe.»

«Wir können ihm nicht sagen, dass er nicht kommen soll.»

«Ich dachte mir, dass du das sagen würdest.» Sie sahen sich an, wussten, dass die Entscheidung längst gefallen war. Kein Wochenende auf dem Land. Kein Erdbeerpflücken. Kein Garten für Robbie. Nur Edwin.

Sie sagte: «Ich wünschte, es wäre nicht so schwer, gute Werke zu tun. Ich wünschte, sie würden sich einfach ergeben, ohne dass man etwas dazu tun muss.»

«Dann wären es keine guten Werke. Aber weißt du was? Ich liebe dich.» Er küsste sie. «So …» Er machte die Tür wieder auf. «Jetzt geh ich runter und sag's Delphine.»

«Es gibt kaltes Hühnchen zum Abendessen.»

«Ich seh mal nach, ob ich genug Geld für eine Flasche Wein zusammenkriege. Wir können eine Aufmunterung gebrauchen.»

Als die schreckliche Enttäuschung erst überwunden war, beschloss Jill, der Philosophie ihrer Mutter zu folgen – wenn sich eine Sache lohnt, dann lohnt es sich auch, sie gut zu machen. Wenn schon, denn schon; war es auch nur der trübsinnige alte Edwin Makepeace, frisch von einer Beerdigung, so war er trotzdem ein Gast. Sie kochte ein Schmorgericht aus Hühnerfleisch mit Kräutern, schrubbte neue Kartoffeln, komponierte eine Soße für die Broccoli. Zum Nachtisch gab es Obstsalat und danach eine Ecke cremigen Briekäse.

Sie polierte den Ausziehtisch im Esszimmer, deckte ihn mit den besten Sets, arrangierte Blumen (die sie gestern Abend an der Marktbude erstanden hatte), schüttelte die Patchworkkissen im Wohnzimmer im ersten Stock auf.

Ian war Edwin abholen gegangen. Edwin hatte mit zitternder Stimme am Telefon gesagt, er werde ein Taxi nehmen, aber Ian wusste, dass ihn das zehn Pfund oder mehr kosten würde, und hatte darauf bestanden, selbst zu fahren. Jill badete Robbie und zog ihm seinen neuen Schlafanzug über, anschließend zog sie das frisch gebügelte Strandkleid an, das für Wiltshire gedacht gewesen war. Sie schlug sich die Vorstellung aus dem Kopf, wie Delphine in ihrem Auto losfuhr, nur von ihrer Staffelei und ihrem Wochenendgepäck begleitet. Die Sonne würde weiter scheinen, die Hitzewelle würde anhalten. Sie würden wieder eingeladen werden, an einem anderen Wochenende.

Alles war bereit. Jill und Robbie knieten auf dem Sofa, das in der Fensternische des Wohnzimmers stand, und hielten nach Edwin Ausschau. Als der Wagen vor dem Haus hielt, hob sie Robbie auf die Arme und ging hinunter, um aufzumachen. Edwin kam, gefolgt von Ian, soeben die Stufen von der Straße herauf. Jill hatte ihn seit Weihnachten nicht gesehen und fand ihn beträchtlich gealtert. Sie konnte sich nicht erinnern, dass er am Stock gehen musste. Er trug eine schwarze Krawatte und einen düsteren Anzug. Er sah aus wie ein Bestattungsunternehmer.

«Edwin.»

«Schön, meine Liebe, da wären wir. Nett von euch, mich einzuladen.»

Er trat ins Haus, und sie gab ihm einen Kuss. Seine alte Haut fühlte sich rau und trocken an, und er roch leicht nach Desinfektionsmitteln wie ein altmodischer Arzt. Er war ein sehr dünner Mensch, seine einst kühlen blauen Augen waren jetzt blässlich und feucht. Seine Wangen waren hochrot, ansonsten wirkte er blutleer, farblos. Sein steifer Kragen war viel zu weit, und sein Hals war sehnig wie bei einem Truthahn.

«Tut mir Leid wegen deines Freundes.» Sie spürte, dass es wichtig war, dies gleich auszusprechen.

«Ach weißt du, wir sind alle mal dran. Siebzig Jahre, das ist die uns zugeteilte Zeitspanne, und Edgar war dreiundsiebzig. Ich bin einundsiebzig. Sag, wo soll ich meinen Stock hintun?»

Es gab keinen Platz dafür, deshalb nahm sie ihm den Stock ab und hängte ihn über das Treppengeländer.

Edwin sah sich um. Er war vermutlich noch nie in einem Haus ohne trennende Wände gewesen.

«Sieh einer an. Und das –» er beugte sich vor, sein Zinken von einer Nase zeigte direkt auf Robbies Gesicht – «ist also euer Sohn.»

Jill war gespannt, ob Robbie sie blamieren und vor Angst losheulen würde. Aber nein, er erwiderte schlicht Edwins Blick, ohne mit der Wimper zu zucken.

«Ich … ich habe ihn aufbleiben lassen. Ich dachte, ihr wolltet euch sicher gerne kennen lernen. Aber er ist ziemlich müde.» Jetzt kam Ian herein. «Wollen wir nach oben gehen?»

Sie ging voran, Edwin folgte ihr, Stufe für Stufe, und sie hörte seinen schweren Atem. Im Wohnzimmer setzte sie den Kleinen ab und bot Edwin einen Sessel an. «Möchtest du dich hierher setzen?»

Er nahm vorsichtig Platz. Ian bot ihm einen Sherry an, und Jill ließ sie allein, um Robbie nach oben ins Bett zu bringen.

Kurz bevor er den Daumen in den Mund steckte, sagte er: «Nase», und sie war voller Liebe für ihn, weil er sie zum Lachen bringen wollte.

«Ich weiß», flüsterte sie. «Er hat wirklich eine große Nase, nicht?»

Er lächelte, und die Augen fielen ihm zu. Sie klappte die Seite des Gitterbettchens hoch und ging hinunter. Edwin redete noch immer von seinem alten Freund. «Wir waren im Krieg zusammen beim Militär. Army Pay Korps. Nach dem Krieg ist er nach Insurance zurückgekehrt, aber wir sind immer in Verbindung geblieben. Einmal haben wir zusammen Urlaub gemacht, Gladys, Edgar und ich. Er hat nie geheiratet. Wir waren in Budleigh Salterton.» Er sah Ian über sein Sherryglas hinweg an. «Warst du schon mal in Budleigh Salterton?»

Ian sagte nein, er sei nie in Budleigh Salterton gewesen.

«Nette Ortschaft. Prima Golfplatz. Edgar hat sich allerdings nie viel aus Golf gemacht. Er hat

Tennis gespielt, als wir jünger waren, und später Bowls. Hast du schon mal Bowls gespielt, Ian?»

Ian sagte nein, er habe nie Bowls gespielt.

«Hab ich mir fast gedacht», sagte Edwin. «Du spielst Kricket, stimmt's?»

«Wenn ich dazu komme.»

«Du hast wohl viel zu tun.»

«Ja.»

«Spielst am Wochenende, nehm ich an.»

«Manchmal.»

«Ich hab das Testmatch im Fernsehen gesehen.» Er nippte vorsichtig an seinem Sherry, spitzte die Lippen. «Mit den Pakistani war nicht viel los.»

Jill stand auf und ging nach unten in die Küche. Als sie hinaufrief, das Essen sei fertig, redete Edwin immer noch über Kricket, er erinnerte sich an ein Wettspiel im Jahre 1956, das ihm besonders gut gefallen hatte. Das Geleier dieser langen Geschichte wurde durch Jills Ruf unterbrochen. Sogleich kamen die zwei Männer die Treppe herunter. Jill stand am Tisch und zündete die Kerzen an.

«In so einem Haus war ich noch nie», bemerkte Edwin, als er sich setzte und seine Serviette auseinander faltete. «Wie viel habt ihr dafür bezahlt?»

Nach einigem Zögern sagte Ian es ihm.

«Wann habt ihr's gekauft?»

«Als wir geheiratet haben. Vor drei Jahren.»

«Gar nicht übel.»

«Es war ziemlich verfallen. Es ist immer noch nichts Weltbewegendes, aber mit der Zeit kriegen wir es schon hin.»

Jill sah Edwins verstörenden starren Blick auf sich gerichtet. «Deine Schwiegermutter hat mir gesagt, du kriegst wieder ein Baby.»

«Oh. Ja ... ja, das stimmt.»

«Soll doch nicht etwa ein Geheimnis bleiben, oder?»

«Nein. Nein, natürlich nicht.»

Mit Topfhandschuhen an den Händen schob sie ihm den Schmortopf hin. «Es ist Hühnchen.»

«Hühnchen ess ich immer gern. Während des Krieges in Indien hat's auch immer Hühnchen gegeben ...» Schon legte er wieder los. «Komisch, wie gut die Inder Hühnchen kochen konnten. Hatten wohl jede Menge Übung. Die

Kühe durften sie ja nicht essen. Die sind heilig, wisst ihr …»

Ian machte den Wein auf, und danach lief es etwas lockerer. Edwin wollte keinen Obstsalat, aß aber fast den ganzen Brie. Und er redete die ganze Zeit; er brauchte anscheinend keine Reaktionen außer hier und da einem Kopfnicken oder einem höflichen Lächeln. Er erzählte von Indien, von einem Freund, den er in Bombay kennen gelernt, von einem Tennismatch, das er einst in Camberley bestritten hatte, von Gladys' Tante, die zu weben begonnen und auf der Bezirksausstellung einen Preis gewonnen hatte.

Der lange, heiße Abend zog sich hin. Die Sonne sank am dunstigen, trockenen Himmel und verlieh ihm rosa Flecken. Edwin beklagte sich jetzt über die Unfähigkeit seiner Putzfrau, anständige Spiegeleier zu braten, und unversehens entschuldigte sich Ian und begab sich in die Küche, um Kaffee zu kochen.

Edwin, in seinem Redefluss unterbrochen, sah ihm nach. «Ist das da eure Küche?», fragte er.

«Ja.»

«Die will ich mir ansehen.» Und bevor Jill ihn

zurückhalten konnte, hatte er sich hochgehievt und heftete sich an Ians Fersen. Jill folgte ihm, aber er ließ sich nicht nach oben umleiten.

«Viel Platz habt ihr nicht, wie?»

«Es reicht», sagte Ian. Edwin ging zu der Glastür und spähte durch die schmierige Scheibe.

«Was ist denn das?»

«Das ist …» Jill trat neben ihn und blickte gequält auf das vertraute Grauen da unten. «Das ist der Garten. Bloß, wir benutzen ihn nicht, weil er so dreckig ist. Die Katzen machen dort ihr Geschäft. Und wir können auch gar nicht hinkommen. Wie du siehst.»

«Auch nicht übers Souterrain?»

«Das Souterrain ist vermietet. An eine Freundin. Delphine heißt sie.»

«Stört es sie nicht, in Tuchfühlung mit so einem Schuttplatz zu wohnen?»

«Sie – sie ist nicht oft hier. Meistens ist sie auf dem Land.»

«Hmm.» Es folgte ein langes, verstörendes Schweigen. Edwin betrachtete den Baum, seine Augen schweiften von der schmuddeligen Wurzel bis zu den obersten Zweigen. Seine

Nase war wie ein Zeigestock, und die Sehnen an seinem Hals standen vor wie Seile.

«Warum fällt ihr den Baum nicht?»

Jill warf Ian einen gequälten Blick zu. Hinter Edwins Rücken verdrehte er die Augen gen Himmel, aber er sagte ganz sachlich: «Das ist ziemlich schwierig. Er ist sehr mächtig, wie du siehst.»

«Schrecklich, so einen Baum im Garten zu haben.»

«Ja», pflichtete Jill ihm bei. «Es ist sehr unerfreulich.»

«Warum unternehmt ihr nichts dagegen?»

Ian sagte rasch: «Der Kaffee ist fertig. Gehen wir nach oben.»

Edwin drehte sich zu ihm um. «Ich hab gesagt, warum unternehmt ihr nichts dagegen?»

«Tu ich bestimmt. Eines Tages», sagte Ian.

«Sinnlos, auf ‹eines Tages› zu warten. Eines Tages bist du so alt wie ich, und der Baum steht immer noch da.»

«Kaffee?», fragte Ian.

«Und die Katzen sind ungesund. Ungesund für Kinder, die sich dort aufhalten.»

«Ich lasse Robbie nicht in den Garten», sagte

Jill zu ihm. «Ich könnte es gar nicht, selbst wenn ich wollte, weil es keinen Weg hinein gibt. Ich glaube, früher gab's hier mal einen Balkon und eine Treppe in den Garten, aber davon war schon nichts mehr da, als wir das Haus gekauft haben, und irgendwie ... wir sind nie dazu gekommen, sie zu erneuern.» Sie wollte auf keinen Fall, dass es sich anhörte, als wären sie und Ian mittellos und bedauernswert. «Ich meine, es gab so viel anderes zu tun.»

Edwin sagte wieder «hmm». Die Hände in den Taschen, stand er da und sah hinaus, und nach einer Weile fragte sich Jill, ob er im Begriff sei, in eine Art Trance zu verfallen. Dann aber wurde er ganz munter, nahm die Hände aus den Taschen und sagte unwirsch zu Ian: «Ich dachte, du wolltest uns Kaffee machen? Wie lange sollen wir noch warten?»

Er blieb noch eine Stunde, und seine sterbenslangweiligen Anekdoten strömten unaufhörlich. Schließlich schlug die Uhr einer benachbarten Kirche elf, und Edwin stellte seine Kaffeetasse hin, sah auf seine Uhr und verkündete, es sei Zeit, dass Ian ihn zum Hotel fahre. Sie gingen alle nach unten. Ian nahm seine

Autoschlüssel und machte die Haustür auf. Jill reichte Edwin seinen Stock.

«War ein netter Abend. War schön, mal euer Haus zu sehen.»

Sie gab ihm wieder einen Kuss. Er ging hinaus, die Stufen hinunter zum Auto. Ian, bemüht, nicht zu eilfertig zu erscheinen, hielt den Wagenschlag auf. Der alte Herr stieg vorsichtig ein, verstaute seine Beine und seinen Stock. Ian machte die Tür zu, ging um das Auto herum und stieg auf der Fahrerseite ein. Immer noch lächelnd, winkte Jill ihnen nach. Erst als das Auto am Ende der Straße um die Ecke verschwand, fiel das Lächeln von ihr ab, und sie ging erschöpft ins Haus, um den Abwasch in Angriff zu nehmen.

Später, im Bett, sagte Jill: «So schlimm war er gar nicht.»

«Nein, das nicht, aber er nimmt alles so selbstverständlich, als wären wir ihm etwas schuldig. Er hätte dir wenigstens eine einzige rote Rose oder eine Tafel Schokolade mitbringen können.»

«Das ist nun mal nicht seine Art.»

«Und seine Geschichten! Armer Edwin, ich glaube, er ist ein geborener Langweiler. Darauf versteht er sich glänzend.»

«Wenigstens mussten wir uns nicht überlegen, was wir sagen sollten.»

«Das Essen war köstlich, und du warst lieb zu ihm.» Er gähnte mächtig und wälzte sich auf die andere Seite; er wollte nur noch schlafen. «Jedenfalls haben wir's hinter uns. Das war das Ende vom Lied.»

Aber da hatte Ian sich geirrt. Es war nicht das Ende vom Lied, wenn auch zwei Wochen vergingen, bevor etwas geschah. Es war wieder Freitag, und Jill war wie gewöhnlich in der Küche und machte das Abendessen, als Ian aus dem Büro nach Hause kam.

«Hallo, Liebling.»

Er schloss die Tür, warf seine Aktenmappe hin, gab Jill einen Kuss. Er setzte sich auf einen Stuhl, und sie sahen sich über den Küchentisch hinweg an. Er sagte: «Es ist etwas ganz Merkwürdiges passiert.»

Jill war gespannt. «Was schönes Merkwürdiges oder was schrecklich Merkwürdiges?»

Grinsend zog er einen Brief aus seiner Tasche und warf ihn ihr zu. «Lies mal.»

Verwundert nahm Jill das Schreiben und faltete es auseinander. Es war ein langer, maschinengeschriebener Brief. Von Edwin.

Mein lieber Ian!

Ich schreibe, um mich für den schönen Abend bei euch und das ausgezeichnete Essen zu bedanken und dir zu sagen, wie sehr ich es zu schätzen weiß, dass du mich hin- und zurückgefahren hast. Ich muss sagen, es geht mir gegen den Strich, die horrenden Taxipreise zu bezahlen. Es hat mich gefreut, euer Kind und euer Haus zu sehen. Ihr habt jedoch offensichtlich ein Problem mit eurem Garten, und ich habe mir darüber ein paar Gedanken gemacht.

Zuallererst müsst ihr den Baum loswerden. Ihr dürft ihm auf gar keinen Fall selber zu Leibe rücken. Es gibt eine Reihe Fachbetriebe in London, die auf solche Arbeiten spezialisiert sind, und ich habe mir die Freiheit genommen, drei zu beauftragen, bei euch vorbeizukommen, wann es euch passt, und Kostenvoranschläge zu machen. Ist der Baum erst weg, werdet ihr euch besser überlegen können, was ihr mit eurem Grundstück anstellen wollt, doch fürs Erste würde ich Folgendes vorschlagen.

Von hier ab las sich der Brief wie eine Bauanleitung. Die bestehenden Mauern reparieren, neu verfugen und weiß streichen. Auf den Mauern einen Gitterzaun gegen unerwünschte Blicke errichten. Das Erdreich reinigen und ebnen und mit Platten belegen – zur leichteren Reinigung in einer Ecke unauffällig eine Abflussrinne installieren. Vor dem Küchenfenster ein Holzpodest – vorzugsweise Teak – errichten, auf Stahlträger gestützt, und mit einer Holztreppe als Zugang zu dem Garten darunter.

Ich glaube [fuhr Edwin fort], hiermit wären die baulichen Notwendigkeiten mehr oder weniger abgedeckt. Ihr möchtet vielleicht vor einer der Mauern ein erhöhtes Blumenbeet oder rings um den Stumpf des gefällten Baumes einen kleinen Steingarten anlegen, aber das liegt ganz bei euch.

Bleibt noch das Problem mit den Katzen. Auch hierüber habe ich ein paar Erkundigungen eingezogen und erfahren, dass es ein ausgezeichnetes Abwehrmittel gibt, das gefahrlos angewendet werden kann, wo Kinder sind. Ein, zwei Spritzer dürften hier Abhilfe schaffen, und sind Erdreich und Gras erst mit Platten belegt, sehe ich keinen Anlass, weswegen die Katzen wiederkommen sollten, sei es aus natürlichen oder anderen Bedürfnissen.

Das alles wird sicher eine Menge Geld verschlingen. Es ist mir klar, dass es bei der Inflation und den steigenden Lebenshaltungskosten für ein junges Paar nicht immer leicht ist, über die Runden zu kommen. Und ich möchte euch gerne helfen. Ich habe euch zwar in meinem Testament bedacht, aber ich halte es für viel vernünftiger, euch das Geld jetzt zu vermachen. Dann könnt ihr euch euren Garten vornehmen, und ich werde hoffentlich das Vergnügen haben, ihn fix und fertig zu sehen, bevor ich meinem lieben Freund Edgar folge und von hinnen scheide.

Übrigens, deine Mutter hat durchblicken

lassen, dass ihr auf ein vergnügliches Wochenende verzichtet habt, um mich am Abend von Edgars Beerdigung aufzuheitern. Du bist genauso liebenswert wie sie, und ich bin glücklicherweise in einer finanziellen Lage, die mir erlaubt, meine Schulden zu begleichen.

Mit den besten Wünschen
dein Edwin

Edwin. Sie konnte seine krakelige Unterschrift kaum sehen, weil ihre Augen voller Tränen waren. Sie stellte sich vor, wie er in seinem düsteren Häuschen in Woking saß, in ihre Probleme vertieft, sich Lösungen überlegte, sich die Zeit nahm, geeignete Firmen herauszusuchen, vermutlich endlose Telefongespräche führte, kleine Berechnungen anstellte, kein winziges Detail vergaß, sich alle Mühe gab …

«Na?», sagte Ian leise.

Die Tränen liefen ihr über die Wangen. Sie versuchte, sie mit einer Hand wegzuwischen.

«Das hätte ich nie gedacht. Ich hätte nie gedacht, dass er so etwas tun würde. O Ian, und wir waren so gemein.»

«Du nicht. Du weißt ja nicht mal, was gemein sein heißt.»

«Ich ... ich hatte keine Ahnung, dass er überhaupt Geld hat.»

«Ich glaube, das hat niemand von uns gewusst. Jedenfalls nicht so viel Geld.»

«Wie können wir ihm jemals danken?»

«Indem wir tun, was er sagt. Indem wir ganz genau tun, was er uns vorschlägt, und ihn dann zur Garteneinweihung einladen. Wir geben eine kleine Party.» Er grinste. «Das wird eine nette Abwechslung.»

Sie sah durch die schmierige Scheibe nach draußen. Eine Papiertüte aus einem benachbarten Mülleimer hatte den Weg in den Garten gefunden, und der grässlichste der Kater, der mit dem zerrissenen Ohr, saß auf der Mauer und beäugte Jill.

Sie erwiderte den kalten Blick seiner grünen Augen mit Gleichmut. Sie sagte: «Ich kann meine Wäsche draußen aufhängen. Ich besorge Blumentöpfe und pflanze Knollen für den Frühling, und im Sommer pflanze ich Efeugeranien. Und Robbie kann draußen spielen, und wir bauen einen Sandkasten. Und wenn der

Balkon groß genug ist, kann ich das Baby im Wagen dort rausstellen. O Ian, wird es nicht wunderbar? Ich brauche nie mehr in den Park zu gehen, denk doch nur!»

«Weißt du, was ich denke?», sagte Ian. «Ich denke, es wäre eine gute Idee, Edwin anzurufen.»

Sie gingen zum Telefon, wählten Edwins Nummer. Sie standen dicht beisammen, die Arme umeinander gelegt, und warteten, dass der alte Herr an den Apparat ging.

Gilbert

Aufwachen. Ohne die Augen zu öffnen, Sonnenlicht und einen Streifen Wärme quer über dem Bett wahrnehmend, war Bill Rawlins von einem herrlichen Gefühl von Zufriedenheit und Wohlbefinden durchdrungen. Erfreuliche Gedanken gingen ihm durch den Kopf. Dass Sonntag war und er nicht zur Arbeit musste. Dass es ein schöner Tag werden würde. Dass der warme, weiche Körper seiner Frau neben ihm lag, ihr Kopf in seine Armbeuge geschmiegt. Dass er höchstwahrscheinlich einer der glücklichsten Menschen auf Erden war.

Das Bett war groß und weich. Eine alte Tante von Bill hatte es ihnen zur Hochzeit geschenkt, als er Clodagh vor zwei Monaten geheiratet hatte. Es sei ihr Ehebett gewesen, hatte die Tante ihm mit einem gewissen Behagen erklärt, und um das Geschenk attraktiver zu machen, hatte sie es mit einer schönen neuen Matratze und sechs ererbten Garnituren Leintücher ausgestattet.

Das Bett war neben seinem Schreibtisch und seinen Kleidern der einzige Gegenstand im Haus, der Bill gehörte. Eine Witwe zu heiraten hatte gewisse Komplikationen mit sich gebracht, aber die Frage, wo sie wohnen sollten, gehörte nicht dazu; denn es konnte nicht die Rede davon sein, dass Clodagh und ihre zwei kleinen Mädchen in Bills Zwei-Zimmer-Junggesellenwohnung zogen, und es erschien ihnen sinnlos, die Mühen und Kosten, die der Kauf eines neuen Hauses mit sich brachte, auf sich zu nehmen, wenn das ihre einfach ideal war. Seine Wohnung war mitten in der Stadt gewesen, und er hatte zu Fuß zum Büro gehen können; dieses Haus aber lag ungefähr anderthalb Kilometer außerhalb auf dem Land und verfügte zudem über den Vorteil eines großen, üppig bepflanzten Gartens. Außerdem, hatte Clodagh erklärt, sei es das Zuhause der Kinder. Hier hatten sie ihre Geheimverstecke, die Schaukel in der Platane, das Spielzimmer im Dachgeschoss.

Bill musste nicht überredet werden. Es lag einfach auf der Hand.

«Du willst in Clodaghs Haus ziehen?», hatten seine Freunde ausgerufen und erstaunte Gesichter gemacht.

«Warum nicht?»

«Ist das nicht ein bisschen heikel? Schließlich hat sie dort mit ihrem ersten Mann gelebt.»

«Und zwar sehr glücklich», erklärte Bill. «Und ich hoffe, dass sie mit mir genauso glücklich wird.»

Clodaghs Ehemann, der Vater ihrer zwei kleinen Mädchen, war vor drei Jahren bei einem tragischen Verkehrsunfall ums Leben gekommen. Obwohl Bill seit einigen Jahren in der Gegend gearbeitet und gelebt hatte, begegnete er ihr erst zwei Jahre später, als er, um die Zahl voll zu machen, als Tischpartner zu einer Abendgesellschaft eingeladen war und neben eine große, schlanke junge Frau zu sitzen kam, deren dichte blonde Haare im Nacken elegant zu einem Knoten geschlungen waren.

Er fand ihr zartes Gesicht auf Anhieb schön

und doch zugleich traurig. Ihre Augen waren ernst, ihre Rede stockend. Diese Traurigkeit rührte an sein raues, erfahrenes Herz. Ihr zarter Hals, durch die altmodische Frisur entblößt, schien ihm verletzlich wie der eines Kindes, und als er sie schließlich zum Lachen brachte und ihr Lächeln sich mit seinem traf, verliebte er sich Hals über Kopf wie ein junger Mann.

«Du willst sie *heiraten*?», fragten dieselben erstaunten Freunde. «Eine Witwe zu heiraten ist eine Sache. Eine fix und fertige Familie zu heiraten ist etwas ganz anderes.»

«Es hat Vorteile.»

«Schön, dass du so denkst, alter Knabe. Hattest du schon mal mit Kindern zu tun?»

«Nein», gab er zu, «aber es ist nie zu spät, um damit anzufangen.»

Clodagh war dreiunddreißig, Bill war siebenunddreißig. Ein eingefleischter Junggeselle und als solcher bekannt. Ein gut aussehender, fröhlicher Bursche, immer für eine Partie Golf zu haben, und ein brauchbarer Spieler im Tennisclub, aber entschieden ein eingefleischter Junggeselle. Wie würde er damit zurechtkommen?

Er kam damit zurecht, indem er die zwei kleinen Mädchen wie Erwachsene behandelte. Sie hießen Emily und Anna. Emily war acht, Anna sechs. Obwohl er entschlossen war, sich nicht von ihnen einschüchtern zu lassen, machten ihn ihre starren Blicke nervös. Sie hatten beide lange blonde Haare und verblüffend strahlende blaue Augen. Diese zwei Augenpaare beobachteten ihn unaufhörlich, bewegten sich mit ihm durchs Zimmer, ließen weder Zuneigung noch Abneigung erkennen.

Sie waren sehr höflich. Als er um ihre Mutter warb, machte er ihnen von Zeit zu Zeit kleine Geschenke. Dropsrollen, Puzzles oder Spiele. Anna, das weniger komplizierte Kind, freute sich über die Sachen, packte sie gleich aus und bewies ihr Entzücken durch ein Lächeln oder gelegentlich durch eine dankbare Umarmung. Aber Emily war aus anderem Holz geschnitzt. Sie bedankte sich höflich bei ihm, dann verschwand sie mit dem unausgepackten Päckchen, um sich im Stillen ihrer Beute zu widmen und vermutlich für sich allein zu entscheiden, ob sie sich freuen sollte oder nicht.

Einmal war es ihm gelungen, Annas HE-

MAN zu reparieren – sie spielte nicht mit Puppen –, und von da an hatten sie ein recht gutes Verhältnis zueinander, aber jedwede Zuneigung, die Emily aufzuweisen hatte, wurde ausschließlich ihren Tieren gewidmet. Sie hatte drei. Einen abscheulichen Kater, der unermüdlich auf Jagd ging und gewissenlos alles Essbare stahl, in das er seine scharfen Krallen schlagen konnte, einen stinkenden alten Spaniel, der nie ins Freie gehen konnte, ohne verdreckt nach Hause zu kommen, und einen Goldfisch. Der Kater hieß Breeky, der Hund hieß Henry, und der Goldfisch hieß Gilbert. Breeky, Henry und Gilbert waren drei von den vielen guten Gründen, weswegen Bill in Clodaghs Haus gezogen war. Man konnte sich für diese drei anspruchsvollen Geschöpfe kein anderes Heim vorstellen.

Emily und Anna nahmen in rosa und weißen Kleidern mit rosa Satinschärpen an der Hochzeit teil. Alle sagten, sie sähen aus wie Engel, aber während der ganzen Trauungszeremonie spürte Bill zu seinem Unbehagen, wie ihre kühlen blauen Augen Löcher in seinen Nacken bohrten. Anschließend warfen sie brav ein paar

Konfetti und aßen ein bisschen von der Hochzeitstorte, dann gingen sie mit zu Clodaghs Mutter, die sie bei sich aufnahm, während Clodagh und Bill in die Flitterwochen fuhren.

Sie verbrachten sie in Marbella, und die sonnigen Tage verstrichen, ein jeder etwas schöner als der vorige, bereichert von Gelächter, gemeinsamen Erlebnissen und sternenklaren Nächten, in denen sie sich bei geöffneten Fenstern in der samtenen Dunkelheit liebten, während am Strand unterhalb des Hotels das Meer wisperte.

Am Ende aber vermisste Clodagh ihre Kinder. Sie sagte Marbella traurig Lebewohl, doch Bill wusste, dass sie sich auf zu Hause freute. Als sie in die kurze Zufahrt zu ihrem Haus einbogen, warteten Emily und Anna dort auf sie, mit einer selbst gemachten Flagge, die sie hochhielten und die in unbeholfenen Großbuchstaben verkündete: WILLKOMMEN DAHEIM.

Willkommen daheim. Jetzt war es sein Heim. Jetzt war er nicht nur Ehemann, sondern auch Vater. Wenn er jetzt ins Büro fuhr, hatte er zwei kleine Mädchen auf dem Rücksitz seines Wagens, die er vor ihrer Schule absetzte. Jetzt spielte er am Wochenende nicht Golf, sondern mähte den Rasen, pflanzte Kopfsalat und reparierte allerlei Dinge. Ein Haus ohne Handwerker kann leicht verwahrlosen, und in diesem Haus war seit fast drei Jahren kein Mensch gewesen. Die quietschenden Angeln, kaputten Toaster und bockenden Rasenmäher schienen keine Ende zu nehmen. Im Freien hingen Gatter durch, fielen Zäune um, mussten Schuppen mit Kresol eingelassen werden.

Zudem waren da Emilys Tiere, die sich an kritischen und dramatischen Situationen zu weiden schienen. Der Kater verschwand für drei Tage und wurde schon als tot aufgegeben, da erschien er wieder mit einem zerrissenen Ohr und einer hässlichen Wunde an der Seite. Kaum hatten sie ihn zum Tierarzt gefahren, als der alte Hund etwas Undefinierbares fraß und vier Tage krank war. Er lag in seinem Korb und sah Bill mit rot geränderten, vorwurfsvollen Augen an, als sei er an allem schuld. Nur Gilbert, der Goldfisch, blieb eintönig gesund und schwamm in seinem Behälter ziellose Kreise, doch auch er benötigte ständige Pflege und Zuwendung, sein Behälter musste sauber gemacht, und in der Tierhandlung musste Spezialfutter gekauft werden.

Bill bewältigte dies alles, so gut er konnte, und blieb mit Bedacht geduldig und heiter. Wenn Wutausbrüche tobten und es Zank und Streit gab, die gewöhnlich mit «Das ist nicht fair!» und erderschütterndem Türenknallen endeten, hielt er sich heraus, überließ Clodagh die erforderliche Schlichtung, in großer Angst, hineingezogen zu werden und etwas Falsches zu sagen oder zu tun.

«Was war denn los?», fragte er dann, wenn Clodagh hinterher zu ihm kam, aufgebracht, belustigt, erschöpft, aber nie böse, und sie versuchte es zu erklären und ließ es dann bleiben, weil er nach ungefähr einer Minute den Arm um sie legte und sie küsste und es nahezu unmöglich ist, gleichzeitig zu erklären und geküsst zu werden. Es erstaunte ihn, dass ihnen bei all dem häuslichen Auf und Ab die Verzauberung, die sie in Marbella entdeckt hatten, nicht abhanden kam. Immer noch schien alles mit jedem Tag schöner zu werden, und er liebte seine Frau bis an die Grenzen seines Seins.

Und jetzt war Sonntagmorgen. Warme Sonne,

warmes Bett, warme Frau. Er wandte den Kopf und grub sein Gesicht in ihren Hals, roch ihr seidiges, duftendes Haar. Dabei schlug in seinem Innern eine Alarmglocke. Er wurde beobachtet. Er drehte sich um und öffnete die Augen.

Emily und Anna saßen in ihren Nachthemden, die Haare vom Schlaf zerzaust, auf der Messingstange am Fußende des Bettes und beobachteten ihn. Acht und sechs. War das zu früh, um in der Schule mit Sexualkunde zu beginnen? Er hoffte es.

Er sagte: «Hallo, ihr zwei.»

Anna sagte: «Wir haben Hunger. Wir wollen frühstücken.»

«Wie spät ist es?»

Sie spreizte die Hände. «Weiß nicht.»

Er langte nach seiner Uhr. «Acht Uhr», sagte er zu ihnen.

«Wir sind seit einer Ewigkeit wach, und wir sind am Verhungern.»

«Eure Mutter schläft noch. Ich mache euch Frühstück.»

Sie rührten sich nicht. Vorsichtig zog er seinen Arm unter Clodaghs Schultern hervor und setzte sich auf. Ihre Gesichter zeigten Missbilligung über seine Nacktheit.

Er sagte: «Geht euch anziehen und die Zähne putzen, und wenn ihr fertig seid, hab ich das Frühstück auf dem Tisch.»

Sie gingen. Ihre nackten Füße patschten auf dem gebohnerten Fußboden. Als sie außer Sicht waren, stieg er aus dem Bett, zog einen Bademantel an, schloss leise die Schlafzimmertür hinter sich und ging nach unten. In der Küche schnarchte Henry in seinem Korb. Bill weckte ihn mit dem Zeh, und der alte Hund gähnte, kratzte sich ausgiebig und bequemte sich schließlich aus seinem Lager. Bill öffnete die Hintertür zum Garten und ließ Henry ins Freie. Im selben Moment erschien Breeky aus dem Nichts, mehr denn je wie ein ramponierter alter Tiger aussehend, und schoss an Bills nackten Beinen vorbei in die Küche. Er hatte eine große tote Maus im Maul, die er mitten auf den Fußboden legte, dann setzte er sich vor sie hin, um sie zu vertilgen.

Für einen derartigen Kannibalismus war es noch zu früh am Tag. Unter Gefahr für Leib und Leben bemächtigte sich Bill der Maus und warf sie in den Mülleimer unter der Spüle. Breeky war wütend und kreischte dermaßen, dass Bill sich gezwungen sah, ihn mit einer Untertasse Milch zu beruhigen. Breeky schlabberte sie, so schlampig er konnte, er verspritzte Milch über das ganze Linoleum, und als die Untertasse leer war, sprang er auf die Bank vor dem Fenster, verengte die Augen zu gelben Schlitzen und begann sich zu putzen.

Nachdem Bill die Milch aufgewischt hatte, setzte er Wasser auf, stellte Bratpfanne, Eier und Speck zurecht. Er steckte das Brot in den Toaster und deckte den gescheuerten Kiefernholztisch. Als er damit fertig war, waren die zwei kleinen Mädchen noch nicht erschienen, deshalb ging er nach oben, um sich anzuziehen. Als er sich ein altes Baumwollhemd überzog, hörte er sie, mit hellen Stimmchen plappernd, in die Küche hinuntergehen. Sie klangen ganz fröhlich, doch gleich darauf drang ein so verzweifeltes Heulen zu ihm herauf, dass ihm eisig ums Herz wurde.

Das Hemd noch nicht zugeknöpft, schoss er zum Treppenpodest. «Was ist los?»

Neues Geheul. Sich alle möglichen Schrecknisse ausmalend, raste er in die Küche hinunter. Dort standen Emily und Anna mit dem Rücken zu ihm und starrten in das Goldfischglas. Annas Augen schwammen in Tränen, doch Emily schien zu erschüttert, um zu weinen.

«Was ist passiert?»

«*Gilbert!*»

Er durchquerte die Küche und spähte über ihre Köpfe in den Behälter. Auf dem Grund lag der Goldfisch auf der Seite, ein lebloses Auge stierte nach oben.

«Er ist tot», sagte Emily.

«Woher weißt du das?»

«Weil er's ist.»

Er sah allerdings tot aus. «Vielleicht macht er ein Schläfchen?», vermutete Bill ohne große Hoffnung.

«Nein. Er ist tot. Er ist *tot*.»

Damit brachen beide in Tränen aus. Einen Arm um jedes Kind gelegt, suchte Bill sie zu trösten. Anna schmiegte ihr Gesicht an seinen Bauch und schlang ihre Arme um seine Taille, Emily aber stand starr, hemmungslos schluchzend, die dünnen Ärmchen vor der mageren Brust gekreuzt.

Es war furchtbar. Sein erster Impuls war, sich loszumachen, zum Fuß der Treppe zu gehen und um Hilfe zu rufen. Clodagh würde wissen, was zu tun war … Und dann dachte er, nein. Hier bot sich ihm eine Chance, zu zeigen, was in ihm steckte. Hier bot sich ihm die Chance, die Barrieren niederzureißen, allein mit der Situation fertig zu werden und den Respekt der Mädchen zu gewinnen.

Schließlich beruhigte er sie. Er gab ihnen ein sauberes Geschirrtuch als Taschentuch, führte sie zu der Bank vor dem Fenster und setzte sie rechts und links neben sich.

«So», sagte er, «jetzt hört mal zu.»

«Er ist tot. Gilbert ist tot.»

«Ja, ich weiß, dass er tot ist. Aber wenn Menschen oder Tiere, die wir gern haben, sterben, dann geben wir ihnen ein schönes Begräbnis. Wie wär's, wenn ihr zwei in den Garten geht und ein friedliches Fleckchen sucht, wo ihr ein Loch graben könnt. Und ich seh mal nach, ob ich eine alte Zigarrenkiste als Sarg für Gilbert auftreiben kann. Und ihr könnt Kränze machen, um sie auf sein Grab zu legen, und vielleicht ein kleines Kreuz.»

Die zwei blauen Augenpaare, wachsam wie immer, zeigten allmählich Interesse. Noch nässten Tränen die Wangen der Mädchen, aber hochdramatische Ereignisse besaßen eine zu große Anziehungskraft, um ihnen zu widerstehen.

«Als Mrs. Dorkins im Dorf gestorben ist, hatte ihre Tochter einen schwarzen Schleier am Hut», erinnerte sich Emily.

«Vielleicht hat deine Mutter irgendwo einen schwarzen Schleier für deinen Hut.»

«In der Truhe mit den Verkleidungssachen ist einer.»

«Na siehst du. Den kannst du anziehen!»

«Und was soll ich anziehen?», wollte Anna wissen.

«Mami findet bestimmt was für dich.»

«Ich will das Kreuz machen.»

«Nein, ich.»

«Aber …»

Er unterbrach sie rasch. «Als Erstes müsst ihr einen guten Platz bestimmen. Wollt ihr nicht nach draußen laufen und ein Plätzchen suchen, und in der Zwischenzeit mach ich euch Frühstück. Und nach dem Frühstück …»

Aber sie hörten nicht mehr zu. Sie wollten auf und davon, konnten es nicht mehr abwarten. An der Hintertür blieb Emily stehen. «Wir brauchen eine Schaufel», sagte sie eifrig.

«Im Werkzeugschuppen findet ihr eine Kelle.»

Sie flitzten durch den Garten, überbordend vor Eifer, aller Kummer war vergessen über der Aufregung, dass es ein richtiges Erwachsenenbegräbnis geben würde, mit schwarzen Schleiern an ihren Hüten. Er sah ihnen mit gemischten Gefühlen nach. Er war nach der kleinen Szene erschöpft und heißhungrig. Gequält vor sich hin grinsend, ging er an den Herd und briet den Speck.

Während er damit beschäftigt war, hörte er Schritte auf der Treppe, und im nächsten Augenblick kam seine Frau zur Tür herein. Sie hatte ihr Nachthemd und einen losen baumwollenen Morgenrock an. Die Haare hingen ihr auf die Schultern, sie war barfuß, ihre Augen waren noch vom Schlaf getrübt.

«Was war denn los?», fragte sie gähnend.

«Hallo, mein Liebling. Haben wir dich geweckt?»

«Hat da jemand geweint?»

«Ja. Emily und Anna. Gilbert ist tot.»

«Gilbert? O nein. Das kann ich nicht glauben.»

Er gab ihr einen Kuss. «Es ist leider wahr.»

«Arme Emily.» Sie machte sich aus seiner Umarmung frei. «Ist er wirklich tot?»

«Sieh selbst.»

Clodagh spähte in den Fischbehälter. «Aber *warum*?»

«Ich weiß es nicht. Ich verstehe nicht viel von Goldfischen. Vielleicht hat er was gefressen, das er nicht vertragen hat.»

«Aber er kann doch nicht einfach so sterben.»

«Du verstehst offenbar mehr von Goldfischen als ich.»

«Als ich so alt war wie Anna, hatte ich selbst Goldfische. Sie hießen Sambo und Goldy.»

«Originelle Namen.»

Schweigend betrachteten sie den leblosen Gilbert. Dann meinte sie nachdenklich: «Ich weiß noch, dass Goldy auch mal so aussah. Mein Vater gab ihm einen Schluck Whisky, und schon fing er wieder an zu schwimmen. Übrigens, tote Fische treiben oben auf dem Wasser.»

Bill überhörte die letzte Bemerkung. «Einen Schluck Whisky?»

«Hast du welchen?»

«Ja. Ich hab eine Flasche, die ich für meine besten Freunde aufbewahre. Ich nehme an, Gilbert zählt dazu, und wenn du willst, kannst du eine Wiederbelebung versuchen, aber es scheint mir eine ziemliche Verschwendung, das Zeug über einen toten Fisch zu schütten. Das hieße Perlen vor die Säue werfen.»

Clodagh erwiderte nichts darauf. Sie krempelte einen Ärmel hoch, steckte die Hand in den Behälter und berührte mit einem Finger sachte Gilberts Schwanz. Nichts geschah. Es war hoffnungslos. Bill wandte sich wieder der Pfanne mit brutzelndem Speck zu. Vielleicht hatte er sich des Whiskys wegen ein bisschen kleinlich angestellt. Er sagte: «Wenn du willst …»

«Er hat mit dem Schwanz gewackelt!»

«Ist das wahr?»

«Ihm fehlt nichts. Er schwimmt … o sieh doch, Liebling.»

Und wirklich. Gilbert hatte sich wieder in die

richtige Lage gebracht, seine kleinen goldenen Flossen geschüttelt und drehte kerngesund seine Runden.

«Clodagh, du wirkst Wunder. Sieh ihn dir an.» Im Vorbeischwimmen traf Gilberts Fischauge Bills Blick. Bill war einen Moment verärgert. «Blöder Fisch, musstest du mir so einen Schrecken einjagen», sagte er zu ihm, und dann grinste er vor ehrlicher Erleichterung. «Emily wird überglücklich sein.»

«Wo ist sie?»

Das Begräbnis fiel ihm ein. Er sagte: «Sie ist mit Anna im Garten.» Aus irgendeinem Grund erzählte er Clodagh nichts von ihrem Vorhaben.

Ihre Mutter lächelte. «Nachdem das kleine Problem gelöst ist, geh ich nach oben in die Badewanne. Ich überlasse es dir, ihnen die glückliche Nachricht mitzuteilen», und sie warf ihm eine Kusshand zu und ging die Treppe hinauf.

Ein paar Minuten später, als der Speck knusprig war und der Kaffee durchlief, kamen die zwei kleinen Mädchen in heller Aufregung zur Hintertür hereingewirbelt.

«Wir haben einen prima Platz gefunden, Bill,

unter dem Rosenstrauch in Mamis Rabatte, und wir haben ein riesengroßes Loch gegraben …»

«Und ich hab eine Gänseblümchenkette gemacht …»

«Und ich hab aus zwei Stöcken ein Kreuz gemacht, aber ich brauche eine Schnur oder einen Nagel oder so was, damit sie zusammenhalten …»

«Und wir singen ein Kirchenlied.»

«Ja. Wir singen ‹Alle Herrlichkeit auf Erden›.»

«Und wir dachten …»

«*Ich* will's ihm sagen …»

«Wir dachten …»

«Jetzt hört mal zu.» Er musste seine Stimme heben, um sich über den Lärm hinweg verständlich zu machen. Sie verstummten. «Hört mal einen Moment zu. Und seht her.» Er führte sie zum Fischbehälter. «Schaut.»

Sie schauten. Sie sahen Gilbert wie immer ziellos im Kreis schwimmen, sein feiner durchscheinender Schwanz schlug hin und her, seine runden Augen blickten nicht lebendiger als vorhin, da sie ihn für tot gehalten hatten.

Einen Moment herrschte vollkommene Stille.

«Seht ihr? Er war gar nicht tot. Er hat bloß gepennt. Mami hat ihn ein bisschen gekitzelt, und das hat ihm Tempo gemacht.» Stille. «Ist das nicht großartig?» Selbst in seinen eigenen Ohren klang es krampfhaft munter.

Keines der kleinen Mädchen sagte ein Wort. Bill wartete. Endlich sprach Emily.

Sie sagte: «Wir wollen ihn totmachen.»

Er war hin- und hergerissen zwischen Entsetzen und Heiterkeit, und eine Sekunde lang stand es auf Messers Schneide, ob er das Kind schlagen oder in Lachen ausbrechen würde. Mit übermenschlicher Anstrengung tat er keines von beidem, sondern sagte nach einer langen, gewichtigen Pause mit ungeheurer Ruhe: «Oh, ich glaube nicht, dass wir das wollen.»

«Warum nicht?»

«Weil das Leben uns von Gott geschenkt wird. Es ist heilig.» Während er dies sagte, wurde ihm leicht unbehaglich zumute. Obwohl er und Clodagh kirchlich geheiratet hatten, hatte er jahrelang nicht auf diese alltägliche Weise an Gott gedacht, und nun bekam er Gewissensbisse, als würde er den Namen eines alten Freundes missbrauchen. «Es ist unrecht, etwas zu töten, auch wenn es nur ein Goldfisch ist. Außerdem hast du Gilbert doch lieb. Er gehört dir. Du kannst nicht töten, was du lieb hast.»

Emily schob die Unterlippe vor. «Ich will eine Beerdigung. Du hast es versprochen.»

«Aber wir können Gilbert nicht beerdigen. Wir nehmen etwas anderes.»

«Was? Wen?»

Anna kannte ihre Schwester gut. «Aber nicht meinen HE-MAN», erklärte sie bestimmt.

«Nein, natürlich nicht.» Er überlegte und hatte einen Geistesblitz. «Eine Maus. Eine arme tote Maus. Schaut ...» Mit dem Zeh auf dem Fußhebel öffnete er den Deckel des Mülleimers, und wie ein Zauberer brachte er mit schwungvoller Gebärde Breekys Jagdtrophäe zum Vorschein, indem er den kleinen steifen Körper am Schwanz hielt. «Breeky hat sie heute Morgen gebracht, und ich hab sie ihm weggenommen. Ihr wollt doch sicher nicht, dass ein armes Mäuschen im Mülleimer endet? Sie hat bestimmt eine kleine Feier verdient, oder?»

Sie begafften das Opfer. Nach einer Weile

meinte Emily: «Können wir sie in die Zigarrenkiste tun, wie du gesagt hast?»

«Natürlich.»

«Und Kirchenlieder singen und alles?»

«Natürlich. ‹Alle Geschöpfe, groß und klein›. Viel kleiner als diese Maus kann kaum etwas sein.» Er nahm ein Papiertuch, legte es auf den Geschirrschrank und bettete die Mauseleiche sorgsam darauf. Dann wusch er sich die Hände, und während er sie abtrocknete, sah er die zwei kleinen Mädchen an.

«Was sagt ihr dazu?»

«Können wir es gleich machen?»

«Lasst uns zuerst frühstücken. Ich bin am Verhungern.»

Anna ging sogleich zum Tisch, rückte sich einen Stuhl zurecht und setzte sich, aber Emily nahm Gilbert noch einmal ganz genau in Augenschein. Sie drückte die Nase an die Glaswand des Behälters, ihre Finger malten ein Muster, indem sie Gilberts Bahnen folgten. Bill wartete geduldig. Kurz darauf drehte sie sich zu ihm um. Sie sahen sich lange an.

Sie sagte: «Ich bin froh, dass er nicht tot ist.»

«Ich auch.» Er lächelte, und sie lächelte zurück, und auf einmal sah sie ihrer Mutter so ähnlich, dass er, ohne zu überlegen, die Arme ausbreitete, und sie kam zu ihm, und sie nahmen sich in die Arme, ohne Worte. Sie brauchten keine Worte. Er küsste sie auf den Kopf, und sie versuchte sich nicht zu entwinden oder sich aus dieser ersten zaghaften Umarmung zu lösen.

«Weißt du, was, Emily?», sagte er. «Du bist ein liebes Mädchen.»

«Du bist auch lieb», sagte sie, und sein Herz war von Dankbarkeit erfüllt, weil er durch Gottes Gnade nichts Falsches getan oder gesagt hatte. Er hatte es richtig gemacht. Es war ein Anfang. Nicht viel, aber ein Anfang.

Emily weitete es aus. «Ganz, ganz lieb.»

Ganz, ganz lieb. In diesem Fall war es vielleicht mehr als ein Anfang, und er war schon halbwegs am Ziel. Voll Genugtuung umarmte er sie ein letztes Mal, dann ließ er sie los, und in froher Erwartung des Mäusebegräbnisses setzten sie sich endlich hin, um zu frühstücken.

Cousine Dorothy

Mary Burn wachte früh auf. Zwar schien in ihr Schlafzimmer die Sonne herein, und die Vögel sangen, aber die Sorge, mit der sie sich zu Bett gelegt hatte, die war nicht gewichen.

Sie drehte sich auf die andere Seite und schloss die Augen. Ach, wenn doch Harry da wäre und sagte: «Lass nur, ich mach das schon.» Aber er war vor fünf Jahren gestorben, und nun wollte ihre Tochter Vicky in einer Woche heiraten, aber das Brautkleid – Fehlanzeige.

Harry hätte gewusst, was da zu tun war. Mit seinem Tod hatte Mary nicht nur ihren Liebsten und ihren besten Freund verloren, sondern auch einen lebenstüchtigen und fürsorglichen Ehemann, der ihr jedes Problem abnahm.

Und Mary, die mit den tagtäglichen Anforderungen eines Haushalts mit Kleinkind vollauf zu tun hatte, ließ ihn gewähren. Und sie gab auch gern zu, dass Organisieren nicht zu ihren starken Seiten zählte. In Komitees war sie nicht zu gebrauchen, und sie vergaß immer wieder, wenn sie sonntags an der Reihe war, die Kirche mit Blumen zu schmücken. Harry buchte also die Ferien, bestellte die Kohlen, redete mit Schulleiterinnen, tankte das Auto auf und schraubte die abgefallenen Türknäufe wieder an.

Und das Problem Vicky packte er auch an. Als kleines Mädchen war sie liebevoll und warmherzig gewesen, sehr gut um sich zu haben und zufrieden damit, Puppenkleider zu nähen, Lebkuchenmänner zu backen und ihr eigenes Beet umzugraben. Aber das änderte sich, als sie zwölf wurde. Über Nacht schien aus dem fügsamen und aufgeschlossenen kleinen Mädchen ein aufbrausender und dickköpfiger Teenager geworden zu sein, der nur noch Widerworte kannte. Und an allem, von den falschen Schuhen bis hin zu schlechten Noten für ihre Schularbeiten, war ihre Mutter schuld.

Diese Verwandlung verblüffte Mary. «Was ist nur los mit ihr?», zischte sie Harry nach einem ausnehmend hitzigen Wortwechsel mit Vicky zu, der mit einer zugeschlagenen Tür endete. «Sie mag mich, glaube ich, überhaupt nicht mehr.»

«Sie wird nur erwachsen, möchte ich behaupten. Das geht vorüber, keine Bange.»

«Woher willst du das wissen? Du hast doch keine Schwester gehabt. Nur Cousine Dorothy.»

«Fang bloß nicht wieder damit an.»

Wenn es bei ihnen einen Zankapfel gab, dann Harrys Cousine Dorothy. Sie war gute zehn Jahre älter als Mary und ihr in jeder Hinsicht haushoch überlegen. Sie hatte nicht geheiratet und im Staatsdienst Karriere gemacht, hatte sogar einige Jahre im Auswärtigen Amt zugebracht. Sie sprach drei Sprachen und arbeitete für einen Unterstaatssekretär, mit dem sie dauernd in wichtiger Mission ins Ausland geschickt wurde. Wenn sie nicht in Genf oder Brüssel weilte oder sich nicht in den Vorhallen der Macht in Whitehall herumtrieb, wohnte sie in einer Wohnung in Knightsbridge. Mary hatte sie nie anders als wie aus dem Ei gepellt erlebt.

Stets trug sie sehr teure Schuhe und schleppte eine lederne Handtasche in Aktentaschenformat mit sich herum, die sichtlich prall gefüllt mit ungeheuer wichtigen Staatsgeheimnissen war.

«Ich fange auch nicht damit an. Dorothy kann ich mir nun wirklich nicht als langweiligen oder verliebten oder irgendwie gefühlsduseligen Teenager vorstellen. Gib's zu, Harry, sie ist recht furchteinflößend.»

«Ja, mag sein, aber eure Wege kreuzen sich doch nicht oft.»

«Nein. Sie ist jedoch deine Cousine, und ich hätte sie gern zur Freundin.»

Vicky war siebzehn, als Harry starb. Mittlerweile, so sollte man meinen, hätte mit der Teenager-Feindseligkeit zwischen Mutter und Tochter Schluss sein müssen, aber das war nicht so. Statt sich gegenseitig Trost zu sein, schienen sie sich nur zu streiten.

Es war eine furchtbare Zeit. Schlimm genug, dass sie mit ihrem Kummer, dem Verlust und den qualvollen Formalitäten fertig werden musste, die ein Todesfall mit sich bringt.

Schlimmer war, dass sie lernen musste, ohne Harry auszukommen. Es ließ sich nicht umgehen, Mary musste sich in den folgenden Monaten etwas Sinn fürs Praktische beibringen.

Vicky jedoch stand auf einem anderen Blatt. Sie war verloren und verlassen und gekränkt und böse, weil ihr Vater nicht mehr da war, und Mary verstand sie und konnte ihr das nur allzu gut nachfühlen. Das Problem lag darin, dass Mary zwar genau wusste, was ihre arme Tochter durchmachte, ihr aber nicht helfen konnte.

Das Schlimmste aber war, es gab niemanden, dem sie sich hätte anvertrauen können. Natürlich hatte sie in dem kleinen Dorf in Wiltshire, wo sie ihr ganzes Eheleben gewohnt hatte, viele Freunde, aber Freunden erzählte man nun einmal nichts über die Fehler der eigenen Tochter. Das wäre nicht loyal gewesen.

Und als Familie gab es nur Cousine Dorothy. Die war mittlerweile pensioniert und aufs Land gezogen, keine zehn Meilen von ihnen entfernt. Sie leitete die Rotkreuzgruppe ihres Ortes und spielte viel Golf. Manchmal traf sie sich mit

Mary zu einem steifen Lunch, und die hatte immer noch ihre liebe Not, sich dafür Gesprächsthemen auszudenken. Und Vicky war ein heikles Thema, denn Dorothy hatte nie viel Zuneigung für sie erkennen lassen.

«Sie ist ein verwöhntes Balg», hatte sie einmal zu Harry gesagt. «Ein Einzelkind, natürlich. Ihr habt es nie gelernt, nein zu sagen. Das werdet ihr noch bereuen.»

Und wenn Mary etwas nicht wollte, dann Dorothy auch nur die kleinste Gelegenheit zu Äußerungen zu geben wie: «Das habe ich euch gleich gesagt.»

Alles in allem machte sie eine beinahe unerträgliche Lebensphase durch, und als Mary meinte, es auch nicht einen Augenblick länger ertragen zu können, da war Vicky, kühl wie immer, auf eine Lösung gekommen. An jenem Morgen verkündete sie beim Frühstück, sie gehe nach London, um kochen zu lernen.

Mary stellte behutsam ihre Kaffeetasse ab. «Und wo möchtest du dich ausbilden lassen?»

Vicky klärte sie auf. «Sarah Abbey ist schon da gewesen. Du weißt doch, sie ist mit mir zur Schule gegangen. Sie hat jetzt eine eigene Wohnung und verdient sich dumm und dämlich mit Bewirtungen von Chefetagen. Sie sagt, ich kann bei ihr wohnen.»

Damit stand Mary vor einem *fait accompli*, sagte aber, sie würde es überdenken. Doch anscheinend hatte sich Vicky bereits für das nächste Semester eingeschrieben.

Auf eigenen Füßen macht sie sich sicher besser, sagte sich Mary, nachdem sie Vicky an den Zug nach London gebracht hatte und in ihr leeres, jedoch eigenartig friedliches Haus zurückgekehrt war.

Aber Vicky blieb sich treu, tat alles nur Erdenkliche, um das liebende Mutterherz mit Besorgnis zu erfüllen. Sie zog bei Sarah Abbey ein, blieb einen Monat und zog wieder aus. Doch das musste man ihr lassen, sie rief Mary zumindest an und hielt sie auf dem Laufenden.

«Aber, Vicky, ich dachte, du magst sie.»

«Mummy, sie ist einfach unleidlich geworden. Ich wohne jetzt mit einem Mädchen aus meinem Kursus zusammen. Und mit zwei Jungs. Wir teilen uns ein Haus in Fulham. Das macht viel mehr Spaß. Hier hast du meine Adresse …» Mary schnappte sich Block und

Bleistift und schrieb sie auf. «Hast du's? Also, ich muss jetzt los.»

«Vicky, wie läuft es denn so?» Und sie fügte schnell an: «Mit dem Kursus, meine ich.»

«Oh, super. Ist puppig einfach. Wenn ich das nächste Mal komme, mach ich dir Lammrippchen.»

Als Vicky endlich übers Wochenende kam, war sie einfach grotesk angezogen und sah aus, als hätte sie sich beim Trödler eingekleidet, was auch den Tatsachen entsprach. Das nächste Mal kam sie mit einem jungen Mann, den sie in einer Disco aufgegabelt hatte, wie sie sagte. Er trug einen zerknautschten malvenfarbenen Leinenanzug und verbrachte das ganze Wochenende mit Kopfhörern über den Ohren.

Der Kochkurs dauerte ein Jahr. Als er zu Ende war, bestand Vicky alle Prüfungen mit Glanz und machte sich sofort auf Arbeitssuche. Sie kaufte sich einen gebrauchten Mini, und im Nu gondelte sie mit Töpfen und Pfannen, Küchenmessern und Mixgeräten auf dem Rücksitz durch ganz London. Sie kochte für Abendgesellschaften, füllte Tiefkühltruhen, richtete große Hochzeitsempfänge aus und stellte riesige Luncheinladungen für wichtige Vorstandssitzungen zusammen.

Bei so viel Fleiß und Erfolg war es sinnlos, sich weiter Sorgen um sie zu machen, und so hörte Mary damit auf, fand aber immer noch keine triftige Ausrede, Vickys recht exzentrische Freunde zu entschuldigen. Die wurden in regelmäßigen Abständen nach Wiltshire geschleppt, und jeder war noch eigenartiger als sein Vorgänger, doch das seltsamste Mädchen hieß Regina French und sah aus wie eine sehr dünne junge Hexe und wollte nichts als ungekochte Haferflocken und Nüsse essen.

Es muss doch, dachte Mary bei sich, irgendwo in London auch völlig normale, nette junge Leute geben. Wieso lernt Vicky die nie kennen? Und wenn, wieso gefallen sie ihr nicht? Ist das die Reaktion auf ihr braves Elternhaus?

Darauf schien es keine Antwort zu geben.

Dorothy rief an. «Mary?»

«Ja. Wie geht's dir?»

«Also, liebe Mary, ich muss einfach mal

nachfragen. Gestern war ich in London bei Harrods, und da habe ich Vicky gesehen. Zumindest glaube ich, dass sie es war. Sie hat sich ja das Haar gefärbt. Es ist kanariengelb.»

«Gut, wenigstens ist es nicht rosa!»

«Was macht sie eigentlich? Hat sie Arbeit?»

«Sie hat mit einem eigenen Partyservice angefangen. Sie arbeitet sehr hart.» Mary ging in Abwehrstellung.

«Nun ja, sie sieht ungewöhnlich aus. Erstaunlich, dass die Leute ihr überhaupt soviel wie Eierkochen zutrauen.»

«Wie sie aussieht, ist ihre Sache.»

«Aber sie ist deine Tochter.»

«Ja», sagte Mary fest. «Sie ist meine Tochter.»

Zum ersten Mal hatte sie Dorothy die Stirn geboten. Ein gutes Gefühl.

Und dann passierte wie aus heiterem Himmel das Unglaubliche. Vicky fuhr für vierzehn Tage nach Schottland, um in einem abgelegenen Hochlanddorf eine Angelgesellschaft zu bekochen. Und da lernte sie einen Mann namens Hector Harding kennen. Es dauerte denn auch nicht lange, und sein Name tauchte in schöner

Regelmäßigkeit auf, floss beim leisesten Vorwand in die Unterhaltung ein.

Mary merkte auf. «Vicky, wer ist Hector?»

«Ach, so ein Typ, den ich in Schottland kennen gelernt habe. Ich – wir sind recht oft zusammen.»

«Was macht er?»

«Er ist Architekt.»

Ein Architekt. Etwas ganz Neues. Einen Architekten hatten sie noch nie gehabt. Ein Hoffnungsschimmer. Hector Harding wurde übers Wochenende nach Wiltshire eingeladen.

Wieder einer von diesen Freunden, sagte sich Mary und stürzte sich nicht in besondere Vorbereitungen, aber als das Auto am Freitagabend vor der Haustür hielt, da hatte sie doch ein Flattern in der Magengrube, als sie ihnen entgegenging. Sie waren nicht in Vickys Mini, sondern in Hectors Auto gekommen. Er kletterte hinter dem Steuerrad hervor und schüttelte seiner Gastgeberin sofort die Hand. Er war groß und dünn und hatte einen Schopf brauner Haare. Besonders umwerfend sah er nicht aus, war aber furchtbar nett.

Samstagmorgen mähte er den Rasen und

reparierte den Toaster, der sich schon seit Wochen eigenartig benahm. An diesem Nachmittag machten er und Vicky einen langen Spaziergang. Sie kamen um fünf zurück und wirkten etwas mitgenommen. Als sie dann vor dem Abendessen beim Aperitif saßen, teilten sie Mary mit, dass sie heiraten wollten.

Ein paar Tage später rief Dorothy an. «Mary, ich schlage den *Daily Telegraph* auf, und was sehe ich, Vicky hat sich verlobt. Wann ist das denn passiert?»

Mary berichtete.

«Was macht er?»

«Er ist Architekt.»

«Magst du ihn?»

«Sehr, und Harry hätte ihn sicher auch gemocht.»

«Wann ist Hochzeit?»

«Im August, in der Dorfkirche, und hinterher eine kleine Feier. Keine große, aufwendige Sache. Nur ihre Freunde. Es soll alles sehr einfach sein.»

Doch da täuschte sie sich. Wie immer hatte Vicky ihren eigenen Kopf.

«Wir müssen eine Gästeliste aufstellen und Einladungen drucken lassen.»

«Hector und ich wollen nicht mehr als fünfzig Leute haben. Nur unsere engeren Freunde. Keine alten Verwandten, die wir nicht kennen.»

«Ein paar müssen wir schon bitten. Zum Beispiel Cousine Dorothy», sagte Mary.

«Warum muss Cousine Dorothy zu meiner Hochzeit kommen?», begehrte Vicky auf. «Sie hat mich noch nie leiden können. Einmal hab ich sie bei Harrods gesehen und hab mich durch die Polstermöbelabteilung verdrückt, ehe sie mich zu fassen kriegte.»

Mary konnte es ihr nachfühlen. «Ich weiß. Mich bringt sie manchmal auch auf. Aber um eine Einladung kommen wir nicht herum.»

«Na schön», gab Vicky ungnädig nach. «Soll sie sich doch mit Hectors Großmutter in eine Ecke verziehen und sich mit der unterhalten.»

Damit war das Thema Dorothy abgehakt.

Blieb noch die wichtigste Frage: das Brautkleid.

«Also, ich hab da in einer Zeitschrift ein Foto gesehen», verkündete Vicky ihrer Mutter, «das wäre genau das Richtige.»

Zaghaft schlug Mary weiße Spitze und Schleier vor. Die Mühe hätte sie sich sparen können. Als sie das Foto in der Illustrierten erblickte, verschlug es ihr die Sprache. Das Modell glich mit seinem hellen Haar und den langen, mageren Beinen irgendwie Vicky. Das Kleid ähnelte einem T-Shirt mit einem Baumwollrock untendran. Der Rock fiel zipflig wie Taschentücher auf der Wäscheleine. Das Ganze bekam durch Söckchen und Tennisschuhe den letzten Schick.

Vicky brach das Schweigen. «Findest du es nicht auch umwerfend?»

«Es kostet dreihundertzwanzig Pfund.» Mehr wollte Mary dazu nicht einfallen.

«Ach, das kaufe ich doch nicht. Ich lasse es nachschneidern. Erinnerst du dich noch an Regina? Die hab ich vor ewigen Zeiten mal mitgebracht. Also, die arbeitet als Schneiderin.»

«Beruflich?»

«Nein, das ist ihr Hobby. Die bitte ich, dass sie es mir schneidert.»

«Wird sie auch rechtzeitig fertig?»

«Wieso denn nicht?»

«Ja. Schön.» Schließlich war es Vickys Hochzeit. «Vielleicht solltest du dich gleich mit ihr in Verbindung setzen.»

Vicky ging zum Telefon. Aber sie kam nicht durch, und so rief sie stattdessen Hector an und telefonierte eine Stunde lang. Mary wusch das Frühstücksgeschirr ab. Ihr schwante Unheil.

Und sie hatte allen Grund zu bösen Vorahnungen. Jedes Mal, wenn Vicky nach London fuhr und sehen wollte, wie Regina vorankam, oder anrief, fand die andere Ausflüchte. Das Material war nicht gekommen. Ihre Nähmaschine war kaputt. Sie musste nach Devon und ein Baby hüten. Keine Bange, es würde schon noch rechtzeitig fertig!

Keine Bange … Der Gedanke brachte Mary mit einem Ruck in die Gegenwart zurück. Noch eine Woche bis zur Hochzeit, und das Problem hatte sich immer noch nicht geklärt. Sie stand auf, zog sich an und ging nach unten, doch Vicky war schon vor ihr auf, saß am Küchentisch und trank Kaffee. Die Morgenpost war da.

«Etwas von Regina?»

Vicky sagte: «Ja.» Sie vermied den Blick ihrer Mutter. Mary blickte sich um, hoffte, ein großes

Paket zu sehen, in dem sich eventuell das Brautkleid befand. Doch nichts dergleichen. «Ein Brief», äußerte sich Vicky genauer und reichte ihn ihr. Mary wurde bang ums Herz. Sie nahm ihn und las.

Liebe Vicky!
Entschuldige vielmals, aber ich liege mit einer scheußlichen Grippe danieder. Komme nicht mal bis zum Telefon. Tut mir Leid mit dem Kleid, aber ich schaffe es echt nicht mehr. Feiert schön.
Alles Liebe,
Regina

Mary griff nach einem Stuhl und setzte sich.

Vicky machte als Erste den Mund auf. «Wehe, du sagst, das habe ich doch gleich gewusst, dann schrei ich.»

«Ich wollte nichts dergleichen sagen. Wenigstens wissen wir jetzt, wie wir dastehen.»

«Ja. Splitterfasernackt!»

Mary sagte sich, nur die Ruhe bewahren.

«Sollen wir nach London fahren und sehen, ob wir etwas zu kaufen bekommen?»

«Ich finde ja doch nichts, was mir gefällt. Das weiß ich schon jetzt.» Vickys Stimme wurde schrill, hörte sich allmählich hysterisch an. «Wenn ich nicht ein Kleid kriege, wie ich es mir vorstelle, dann heirate ich eben in einem Overall.»

«Kind, reg dich nicht auf.»

Vicky sprang auf. «Hector und ich sollten lieber durchbrennen. Oder gar nicht heiraten.»

Die Küchentür knallte zu.

Einen Augenblick blieb Mary so sitzen, doch ehe sie Geschirr an die Wand werfen oder hinter Vicky herlaufen und etwas Unverzeihliches sagen konnte, griff sie nach ihrer Handtasche, verließ das Haus, stieg in ihr Auto und fuhr die zehn Meilen zu Dorothy.

Dorothy arbeitete im Garten. Selbst bei der Gartenarbeit sah sie noch adrett aus, trug gut geschnittene Hosen und ein Haarnetz über dem weißen Haar. Sie harkte ihre Rosenrabatten, doch als sie Mary über den Rasen kommen sah, legte sie sofort die Harke aus der Hand und kam ihr entgegen.

«Liebe Mary.» Sie musterte sie mit besorgtem Blick. Ich muss wirklich verboten aussehen, dachte Mary. Sie wollte etwas sagen, aber ehe sie noch ein Wort herausbrachte, rollten schon die Tränen.

Dorothy war sehr lieb. Sie führte sie behutsam ins Haus, drückte sie in einen Wohnzimmersessel und verzog sich taktvoll.

Das Zimmer war kühl und aufgeräumt und roch nach Möbelpolitur und frisch gewaschenen, leinenen Schonbezügen. Die beschauliche Umgebung wirkte beruhigend. Mary hörte auf zu weinen. Sie trieb ein Taschentuch auf und putzte sich die Nase. Da war auch Dorothy wieder, bot ihr aber keinen Kaffee, sondern einen kleinen Brandy an.

«Trink das.»

«Aber Dorothy, es ist noch nicht mal zehn.»

«Das ist Medizin.» Dorothy setzte sich in den anderen Sessel. «Du siehst vollkommen erledigt aus. Ex und hopp.»

Mary gehorchte. Sofort fühlte sie sich besser, und sie brachte sogar ein mattes Lächeln zustande. «Tut mir Leid. Es ist nur … alles ist so schrecklich, und ich musste einfach raus und mit jemand reden. Und da bist du mir eingefallen.»

«Vicky, nicht wahr?»

«Ja ... ja, irgendwie schon. Es ist nicht ihre Schuld. Sie ist mir bei den Hochzeitsvorbereitungen eine große Hilfe gewesen, und ich hatte mir schon eingebildet, wir würden es ohne einen einzigen Streit schaffen.» Sie stellte das leere Glas hin. «Ich weiß, du hast immer gefunden, Harry und ich würden sie verwöhnen, und vielleicht haben wir das auch, aber in Wahrheit sind Vicky und ich einfach grundverschieden. Soweit ich sehen kann, verbindet uns gar nichts. Das ist nicht weiter schlimm, wenn alles glatt geht, aber heute Morgen ...»

Und sie erzählte die Geschichte von dem Brautkleid.

«Aber das ist nicht deine Schuld», stellte Dorothy klar, als sie geendet hatte.

«Ich weiß. Doch jetzt haben wir natürlich nur noch eine Woche, um ein anderes Brautkleid aufzutreiben. Und Vicky hat so abartige Vorstellungen, was sie tragen will. Sie sagt, sie geht im Overall oder brennt mit Hector durch, oder heiratet überhaupt nicht.»

Dorothy hörte sich das alles an, dann schüttelte sie den Kopf. «Wenn du mich fragst, ein klarer Fall von Heiratsbammel. Bei beiden von euch. Eine Hochzeit macht doppelt so viel Arbeit, wenn kein Mann im Haus ist, der einem zur Hand geht. Ehrlich gesagt, ich wollte dich schon mehrfach anrufen, ob ich dir bei der Organisation helfen kann, aber ich hatte Angst, du denkst, ich will mich einmischen. Und was Vicky angeht, so hast du dich ganz toll gehalten. Ist ohne Harry sicher nicht leicht gewesen. Ich habe dich wirklich bewundert, dass du sie losgelassen und ihren eigenen Weg hast gehen lassen.»

Von Dorothy bewundert zu werden, das war etwas ganz Neues. Schweigen senkte sich zwischen sie. Es war weder gequält noch unnatürlich. Noch nie hatte sich Mary bei Dorothy so wohl gefühlt. Sie warf einen Blick auf die Uhr und sagte: «Jetzt geht es mir besser. Ich musste einfach mit jemand reden.»

«Was machst du mit dem Kleid?»

«Keine Ahnung.»

Dorothy sagte: «Ich habe ein Brautkleid.»

Mary fuhr in rasantem Tempo nach Haus, denn irgendwie waren ihr tausend Steine von der Seele gefallen. Sie stieg aus dem Auto, holte den umfänglichen, altmodischen Karton vom Rücksitz, trug ihn ins Haus und nach oben in ihr Schlafzimmer. Sie legte den Karton auf ihr Bett und setzte sich an den Frisiertisch, denn ihr tränenverquollenes Gesicht brauchte dringend eine Auffrischung.

«Mummy?» Die Tür ging auf, und Vicky stand im Zimmer. «Geht's wieder?»

Mary drehte sich nicht um. «Ja, natürlich.» Sie verrieb Feuchtigkeitscreme auf den Wangen.

«Ich wusste nicht, wohin du gefahren bist.» Vicky legte ihr die Arme um den Hals, bückte sich und gab ihr einen Kuss. «Es tut mir Leid», sagte sie zu Marys Spiegelbild. «Dass ich so ausgeflippt bin. Es ist meine Schuld, dass ich splitterfasernackt dastehe, aber ich hätte es nicht an dir auslassen dürfen.»

«Ach, mein Schätzchen.»

«Wo warst du? Ich dachte, ich bin so gemein zu dir gewesen, dass du ausgerückt bist.»

«Nur bei Dorothy.»

Vicky setzte sich aufs Bett. «Dorothy? Wieso bist du denn bei der gewesen?»

«Ich musste einfach mit jemand reden, der seine fünf Sinne beisammenhat. Und wenn einer den Kopf oben behält, dann sie. Es hat funktioniert. Sie hat mir einen Brandy gegeben, und sie hat mir ein Brautkleid gegeben.»

«Du machst Witze.»

«Nein. Es ist in dem Karton da.»

«Aber wessen Brautkleid ist es?»

«Dorothys eigenes.» Sie drehte sich zu ihrer Tochter um. «Man bildet sich immer ein, man weiß alles über andere, aber man weiß gar nichts. Mit neunzehn war Dorothy mit einem jungen Marineoffizier verlobt. Im September 1939 wollten sie heiraten, aber da brach der Krieg aus, und die Hochzeit wurde verschoben. Er musste auf sein Schiff und ist gleich darauf gefallen. Und deswegen hat Dorothy nie geheiratet.»

«Aber warum haben wir das nie erfahren? Warum hat Dad nichts gewusst?»

«Harry war damals neun. Er hat es vermutlich nicht mitbekommen.»

«Und wir haben sie alle für hart im Nehmen gehalten», sagte Vicky mit einem Seufzer.

«Ich weiß. Aber darum geht's nicht. Sie lässt dir jedenfalls ausrichten, wenn dir das Kleid gefällt, kannst du es haben. Jahrgang 1939. Ein echtes Museumsstück und nie getragen.»

«Hast du es gesehen?»

«Nein. Sie hat mir nur den Karton gegeben.»

Sie saßen zusammen auf dem Bett und lösten den Knoten der Verschnürung, nahmen den Deckel ab und entfernten das Seidenpapier. Vicky stand auf, hob das Kleid behutsam heraus und hielt es sich an. Reine Seide knisterte, während Falte um Falte herunterraschelte: ein fließender, schräg geschnittener Rock, Puffärmel, Schulterpolster, der Ausschnitt viereckig, tief und mit Perlen bestickt. Ein etwas süßlicher und muffiger Duft.

«Oh, Mummy, es ist einfach himmlisch!»

«Ja, sehr hübsch. Aber die Schulterpolster …»

«Die sind große Mode. Es ist umwerfend.»

«Aber zu lang.»

«Das können wir beide ändern. Dorothy macht das doch nichts, oder?»

«Sie möchte es nicht zurückhaben. Sie sagt, du kannst es behalten. Probier es an.»

Das tat Vicky, riss sich Hemd und Jeans vom Leib und ließ die weiche Seide über ihren Kopf gleiten. Als das Kleid saß, knöpfte ihr Mary auf dem Rücken Dutzende winziger Knöpfe zu.

Vicky ging zu dem großen Spiegel. Abgesehen davon, dass es zu lang war, saß das Kleid wie angegossen. Sie drehte sich, wollte sich von hinten sehen und den raffiniert geschnittenen Rock bewundern, der hinten zu einer kleinen seidenen Schleppe auslief.

«Ist das schön!», hauchte sie. «Das zieh ich an. So was Schönes hätte ich in hundert Jahren nicht aufgetrieben. Wie lieb von Dorothy! Ich weiß wirklich nicht, warum sie so lieb ist …»

Sie knöpften die ganzen Knöpfe wieder auf, und Vicky zog das Kleid aus. Mary hängte es auf einen gepolsterten Kleiderbügel an die Tür ihres Kleiderschrankes, und selbst dort sah es immer noch kostbar und prächtig aus.

«Mein Gott, Mummy, hab ich ein Glück! Ich rufe Dorothy gleich an. Wie gemein, dass ich sie nicht zur Hochzeit einladen wollte!» Vicky stieg in ihre Jeans. «Du hast Recht gehabt.» Sie zog den Reißverschluss zu. «Man bildet sich ein, man weiß haargenau über jemand Bescheid, und dabei weiß man gar nichts.» Sie knöpfte sich das Hemd zu und drückte ihre Mutter. «Und was dich angeht, du bist ein wahrer Engel gewesen.»

Damit ging sie. Augenblicke später konnte Mary hören, wie sie mit Dorothy sprach, lautstark sprach, so entzückt und dankbar war sie. Mary machte die Schlafzimmertür zu und setzte sich wieder an ihren Frisiertisch. Sie sah das Kleid an und wusste, dass sich Vicky einmal im Leben zugestehen würde, wirklich schön auszusehen. Sie dachte an die Hochzeit in einer Woche, und zum ersten Mal freute sie sich darauf. Sie dachte an Hector, der ihr Schwiegersohn wurde, und sie dachte an Dorothy, und es war, als hätte sie diese gerade erst kennen gelernt und eine neue Freundin gefunden. Nach der Hochzeit würden sie zusammen essen gehen. Es gab so viel zu bereden.

Sie dachte an Harry. Sein Foto stand mitten unter ihren Fläschchen und Tiegeln. Sie lächelte ihm zu. «Du brauchst dir keinerlei Sorgen zu machen, Harry», flüsterte sie und freute sich an ihrem neugewonnenen Selbstvertrauen. «Es klappt schon alles.»

Sie musterte ihr Spiegelbild, puderte sich das Gesicht, und dann griff sie so leichten Herzens wie das junge Mädchen, das sie einmal gewesen war, zu ihrem Lippenstift.

« Spanish Ladies »

An einem Mittwoch Anfang Juli starb der alte Admiral Colley. Er wurde am Samstag darauf beerdigt, der Trauergottesdienst fand in der Dorfkirche statt, und zwei Wochen später wurde seine Enkelin Jane in derselben kleinen Kirche mit Andrew Latham getraut. Das rief im Dorf einiges Stirnrunzeln sowie ein paar vorwurfsvolle Briefe von entfernten älteren Verwandten hervor, aber die Angehörigen sagten sich: «Er hätte es so gewollt», und sie trockneten ihre Tränen und fuhren mit den Vorbereitungen fort. «Er hätte es so gewollt.»

Weil es Juli war und morgens halb sieben, war das Schlafzimmer von Sonnenstrahlen durchflutet, als Laurie aufwachte. Sie lagen wie eine warme Decke auf ihrem Bett. Sie zauberten Bänder aus reflektiertem Licht von dem Dreifachspiegel ihres Toilettentisches, überfluteten den verblichenen rosa Teppich. Durch das offene Fenster konnte sie den blassen, wolkenlosen Himmel sehen, den Vorboten eines herrlichen Tages. Vom Meer her wehte eine Brise und bewegte die Vorhänge mit dem Gänseblümchenmuster. Die Vorhänge passten zur Tapete und zu den Rüschen an der Steppdecke; Lauries Mutter hatte sie ausgesucht, als Laurie dreizehn und im Internat war. Sie erinnerte sich, wie sie nach Hause in das vollkommen neu dekorierte Zimmer kam und ihr Entsetzen verbergen musste, weil sie sich insgeheim ein Zimmer wünschte, so schlicht und streng wie eine Schiffskabine, mit weiß getünchten Wänden und Platz für ihre vielen Bücher und einem Bett wie Großvaters, mit Schubladen darunter und einer kleinen Leiter, die man erklimmen musste, wenn man ins Bett wollte.

Glücklich die Braut, von der Sonne beschienen. Sie horchte. Tief unter ihr in dem alten Haus hörte sie eine Tür zugehen und einen Hund bellen. Sie wusste, dass ihre Mutter schon auf war.

Vermutlich saß sie bei ihrer ersten Tasse Morgentee am Küchentisch und schrieb wieder eine ihrer endlosen Listen mit Dingen, die noch zu erledigen waren.

Tante Blanche am Bahnhof abholen.
Friseuse. Bleibt sie zum Mittagessen?
Robert zum Blumengeschäft wegen der Nelken.
Hundefutter. NICHT VERGESSEN.

Glücklich die Braut, von der Sonne beschienen. Auf der gegenüberliegenden Seite des Treppenhauses, in dem anderen Mansardenzimmer, lag Jane vermutlich im Schlummer. Jane war nie eine Frühaufsteherin gewesen, und der Umstand, dass dies der Morgen ihrer Hochzeit war, würde sie kaum dazu bewegen, mit der Gewohnheit von fünfundzwanzig Lebensjahren zu brechen. Laurie stellte sie sich vor, blond und rosig, mit wirren Haaren, den alten augenlosen Teddybären unters Kinn geklemmt. Der Teddybär sorgte bei ihrer Mutter für milde Verstimmung; sie war nicht der Meinung, dass er Jane auf ihrer Hochzeitsreise begleiten sollte.

Auch Laurie fand, dass er nicht zu feinen Negligés und romantischer Stimmung passte, aber da es Janes Art war, liebenswürdig allem zuzustimmen, was von ihr verlangt wurde, um dann das genaue Gegenteil zu tun, war Laurie sich ziemlich sicher, dass der Teddy heute Abend in der Hochzeitssuite eines Luxushotels zugegen sein würde.

Sie ließ ihre Gedanken weiter durch das Haus schweifen. Ins Gästezimmer, wo ihr älterer Bruder und seine Frau schliefen. In die alten Kinderzimmer, wo ihre Kinder in geerbten Gitterbettchen lagen. Sie dachte an ihren Vater, der sich vielleicht eben zu rühren begann, die Augen öffnete, für das schöne Wetter dankte und dann anfing, sich Sorgen zu machen. Wegen der Parkplatzvorkehrungen, der Qualität des Sektes, des Umstands, dass die Hose seines Stresemanns ausgelassen werden musste. Wegen der Rechnungen.

«Wir können uns keine große Hochzeit leisten», hatte er in demselben Augenblick, als die Verlobung verkündet wurde, mit fester Stimme gesagt. Und die anderen hatten so ziemlich in dasselbe Horn gestoßen, wenn auch vielleicht aus anderen Gründen. «Wir wollen keine große Hochzeit», hatte Jane gesagt. «Vielleicht bloß aufs Standesamt und hinterher einen kleinen Imbiss.»

«Wir wollen keine große Hochzeit», hatte ihre Mutter matt zugestimmt, «aber das Dorf erwartet es. Ich denke, wir können etwas ganz Einfaches …»

Blieben noch Lauries und des Großvaters Beitrag zu der Diskussion. Laurie leistete überhaupt keinen Beitrag, da sie zur Zeit der Verlobung in Oxford und ganz von Tutorenkursen und Vorlesungen eingenommen war, aber der Großvater las ihnen tüchtig die Leviten. «Ihr habt bloß zwei Töchter», sagte er zu Lauries Eltern. «Was soll da so eine popelige Trauungszeremonie? Ich braucht ja nicht gleich ein Zirkuszelt aufzustellen. Räumt das Wohnzimmer leer, und wenn schönes Wetter ist, können die Gäste nach draußen auf den Rasen …»

Sie konnte es ihn sagen hören. Sie drehte sich im Bett herum, vergrub das Gesicht im Kopfkissen und kämpfte gegen die Woge tränenlosen Kummers, die sie zu verschlingen drohte, weil der Großvater ihr Leben lang für sie der liebste Mensch auf Erden gewesen war, ihr klügster Ratgeber, ihr allerbester Freund. Jane und Robert waren altersmäßig nicht weit auseinander, Laurie aber war sechs Jahre später gekommen und immer ein wenig einsam gewesen, fast wie ein Einzelkind. «Wie merkwürdig die Kleine ist», bemerkten die Freundinnen ihrer Mutter in dem Glauben, Laurie würde sie nicht hören. «So verschlossen. Mag sie denn nie mit anderen Kindern spielen?» Aber Laurie brauchte keine anderen Kinder, denn sie hatte Großvater.

Großvater war sein Leben lang bei der Marine gewesen. Nach seiner Pensionierung und dem Tod seiner Frau vor mehr als zwanzig Jahren hatte er von seinem Sohn ein Stück Land gekauft und sich ein Häuschen gebaut. Er zog nach Cornwall und sagte Portsmouth für immer ade. Es war ein Haus aus Zedernholz, mit einem Schindeldach und einer breiten Veranda, die über die alte Kaimauer hinausragte. Bei Flut platschte das Wasser gegen die Steine, was Großvater an seine Zeit auf See erinnerte. An dem Geländer seiner Veranda hatte er ein Fernrohr montiert, und das verschaffte ihm viel Freude. Schiffe gab es keine zu sehen, höchstens ein paar klapprige Krabbenkutter, die auf den Kiesstrand unterhalb seines Hauses gezogen wurden; ansonsten aber kam, die See ausgenommen, heutzutage nichts mehr in den Meeresarm. Doch es machte ihm Spaß, die Vögel zu beobachten und die Autos auf der Chaussee zu zählen, die jenseits des Sandes verlief. Im Winter fuhren sie nur vereinzelt, aber sobald die Sommertouristen kamen, drängten sie sich Stoßstange an Stoßstange, die Sonne blinkte auf ihren Windschutzscheiben, und das endlose Dröhnen des Verkehrs war wie fernes Bienensummen.

Er war auf seiner Veranda gestorben, an einem warmen Abend, mit seinem gewohnten Pink Gin in der Hand, und sein Plattenspieler hatte hinter ihm im Zimmer gespielt. Er hing sehr an seinem Plattenspieler. Einen Fernsehapparat hatte er nie besessen, aber er liebte Musik. *Schöne Nacht, du Liebesnacht, o stille das Verlangen.* Die Barkarole. Er hatte die Barkarole gespielt, als er starb. Sie hatten sie auf dem Grammophon gefunden, die zu Ende gespielte

Platte drehte sich noch auf dem Teller, die Nadel kratzte in der letzten Rille.

Er hatte auch einen alten Flügel, auf dem er mit Begeisterung, aber ohne große Kunstfertigkeit spielte. Als Laurie klein war, brachte er ihr Lieder bei, sie sangen sie gemeinsam, und Großvater lieferte die Begleitung. Es waren zumeist raue Seemannslieder mit einfachen Melodien. «Whisky Johnny» und «Rio Grande» und «Shenandoah». Aber sein Lieblingslied war «Spanish Ladies»:

Goodbye and farewell to you, fair Spanish ladies,
Goodbye and farewell to you, ladies of Spain,
For we have received orders for to sail for old England …

Er spielte es im langsamen Marschrhythmus, mit brausenden Akkorden, und Laurie musste die langen Noten halten, wobei ihr oft die Puste ausging.

«Ein wunderbarer langsamer Marsch», sagte der Großvater dann und dachte an Colours auf Whale Island, wenn die Kapelle der Royal Marine «Spanish Ladies» spielte, während der

Kapitän die Wache inspizierte und die «White Ensign», die Flagge der englischen Kriegsmarine, hoch am Morgenhimmel flatterte.

Er kannte unzählige Geschichten, von Hongkong, Simonstown und Malta. Er hatte im Krieg im Mittelmeer gekämpft, war dann in den Fernen Osten und nach Ceylon gefahren. Er hatte Angriffe und Schiffbruch überlebt, war immer wieder aufgetaucht, einen Scherz auf den Lippen, unverwüstlich, hatte überlebt und war einer der beliebtesten Flaggoffiziere der Marine geworden.

Unverwüstlich. Aber er war nicht unverwüstlich. Kein Mensch war unverwüstlich. Am Ende war er in seinem Sessel gekentert, während er die Barkarole hörte, und das Glas mit Pink Gin war auf die Erde gefallen und in tausend Stücke zersprungen. Es ließ sich nicht sagen, wie lange er so gesessen haben mochte, ohne dass jemand von seinem Tod wusste, aber ein Fischer, der an seinem Boot arbeitete, hatte zu ihm hinaufgesehen und gemerkt, dass etwas nicht stimmte, und er war zum Haus gegangen, die Mütze in der Hand, um ihnen die Nachricht zu überbringen.

Goodbye and farewell to you, fair Spanish ladies …

Bei der Trauerfeier hatte sie «Heilig, heilig, heilig» gesungen und dann «Ewiger Vater, starker Erlöser». Und Laurie hatte auf den schlichten Sarg gesehen, der in die White Ensign gehüllt war, und sie war in lautes, unhaltbares Weinen ausgebrochen und musste von ihrer Mutter diskret zu einem Nebeneingang hinausgeschoben werden. Sie war seit dem Begräbnis nicht wieder in der Kirche gewesen. Gestern hatte sie einen Haufen Vorwände erfunden, um nicht an der Probe für die Trauung teilzunehmen. «Ich bin die einzige Brautjungfer, ich weiß, was ich zu tun habe. Es ist sinnlos, dass ich komme, und hier gibt es so viel zu tun.»

Aber heute – heute war der Hochzeitstag, und es gab keinen Vorwand.

Und keinen Vorwand, um im Bett zu bleiben. Laurie stand auf, zog sich an und bürstete ihre Haare, dann ging sie nach Jane sehen. Man hatte Jane das Frühstück ans Bett gebracht, was sie liebte, träge, wie sie war. Laurie hasste es, im Bett zu frühstücken, weil sie hinterher immer auf lauter Krümeln saß.

Sie sagte: «Guten Morgen, wie fühlst du dich?» und gab Jane einen Kuss, und Jane sagte: «Ich weiß nicht. Wie sollte ich mich fühlen?»

«Nervös?»

«Kein bisschen. Nur gemütlich und verwöhnt.»

«Ein herrlicher Tag heute», sagte Laurie und zog den Teddy unter dem Kissen hervor. «Hallo, Teddy», sagte sie zu ihm. «Deine Tage sind gezählt.»

«Von wegen», sagte Jane und entriss ihn ihr. «Der lebt noch lange. Er muss es noch überleben, von all unseren Kindern herumgezerrt zu werden. Nimm dir Toast.»

«Nein, iss du ihn. Du musst bei Kräften bleiben.»

«Du auch. Du musst alles richtig machen, zum Beispiel den Brautstrauß fangen, wenn ich ihn dir zuwerfe, und nett zu dem Trauzeugen sein.»

«O Jane.»

«Also hör mal, es ist doch bestimmt nicht unmöglich, nett zu William Boscawan zu sein? Ich weiß, du fauchst immer wie ein verwundetes

Tier, wenn er nur ins Zimmer kommt, aber das ist deine Schuld. Er ist immer höflich zu dir.»

William Boscawan war ein alter Zankapfel. Sein Vater war Anwalt der Familie, und als William vor gut fünf Jahren in die Kanzlei eintrat, war er zum Leben und Arbeiten wieder in diese Gegend zurückgekehrt. Und nicht nur zum Leben und Arbeiten, sondern auch um jedem Mädchen im Bezirk das Herz zu brechen. Er hatte sogar einen kleinen Flirt mit Jane, bis sie ihr Herz endgültig an Andrew Latham verlor, aber das hatte seiner Freundschaft mit Andrew keinen Abbruch getan, und als die Hochzeitsvorbereitungen im Gange waren, hatte es niemanden überrascht, als Andrew verkündete, William werde sein Trauzeuge sein.

«Ich begreife einfach nicht, warum du ihn nicht magst.»

«Ich habe nichts gegen ihn. Er ist mir nur zu geleckt.»

«Ist er doch gar nicht. Er ist süß.»

«Ich meine … du weißt, was ich meine. Dieser Wagen, das Boot, und alle Mädchen klimpern jedes Mal mit den Wimpern, wenn sein Blick zu ihnen schwenkt.»

«Du bist gemein. Er kann nichts dafür, wenn die Mädchen sich in ihn verlieben.»

«Er würde mir besser gefallen, wenn er nicht ganz so erfolgreich wäre.»

«Das ist doch spitzfindig. Bloß dass andere Leute ihn mögen, ist noch lange kein Grund für dich, ihn nicht auch zu mögen.»

«Ich hab dir doch gesagt, ich hab nichts gegen ihn. Es gibt nichts an ihm, wogegen man was haben könnte. Ich wünsche bloß manchmal, er hätte Flecken im Gesicht oder eine Reifenpanne mit seinem schnellen Wagen, oder er würde beim Segeln ins Wasser fallen.»

«Du bist unmöglich. Am Ende landest du bei einem langweiligen Akademiker mit Brillengläsern so dick wie Flaschenböden.»

«Ja, so sehen die Männer aus, mit denen ich die ganze Zeit rumziehe.»

Sie funkelten sich an, und dann lachten sie. Jane sagte: «Ich geb's auf. Deine Aggressionen haben mich besiegt.»

«Das will ich hoffen», sagte Laurie. «So, ich gehe jetzt runter, frühstücken.» Sie steuerte auf die Tür zu, aber als sie sie öffnete, sagte Jane mit ganz veränderter Stimme: «Laurie», und

Laurie drehte sich um, die Hand am Türknauf.

«Laurie … meinst du, du hältst es durch?»

Laurie starrte sie an. Sie hatten sich nie sehr nahe gestanden, hatten keine Vertraulichkeiten ausgetauscht oder Geheimnisse geteilt, und daher wusste Laurie, dass es Jane einige Mühe gekostet haben musste, dies zu sagen. Sie wusste, dass auch sie ihre Zurückhaltung überwinden sollte, aber die war ihr einziger Schutz gegen das schmerzliche Gefühl des Verlustes. Ohne sie wäre sie verloren, sie würde in Tränen ausbrechen und den ganzen Tag nicht mehr aufhören können zu weinen.

Sie fühlte, wie jeder Nerv ihres Körpers sich zusammenzog wie eine Seeanemone bei einer plötzlichen Berührung. Sie sagte: «Was meinst du?», und sogar in ihren eigenen Ohren hörte es sich kalt an.

«Du weißt, was ich meine.» Die arme Jane machte ein verzweifeltes Gesicht. «Großvater …» Laurie sagte nichts. «Wir … wir wissen alle, dass es für dich schlimmer ist als für uns», haspelte Jane weiter. «Du warst immer sein Liebling. Und heute … ich hätte nichts dagegen gehabt, die Hochzeit zu verschieben. Ich hätte nichts dagegen gehabt, nur standesamtlich zu heiraten. Andrew hätte auch nichts dagegen gehabt. Aber Mutter und Vater ... ihnen gegenüber wäre es einfach nicht anständig gewesen ...»

«Du kannst nichts dafür», sagte Laurie.

«Ich will nicht, dass du unglücklich bist. Ich will nicht das Gefühl haben, dass wir dich noch unglücklicher machen, als du bist.»

Sie sagte wieder: «Du kannst nichts dafür.» Und weil es danach anscheinend nichts weiter zu sagen gab, ging sie hinaus und machte die Tür hinter sich zu.

Der Vormittag schritt voran. Das Haus, das ohne Möbel unvertraut wirkte, wurde nach und nach von Fremden übernommen. Der Party-Service kam, Lieferautos fuhren vor, Tische wurden aufgestellt, Gläser hergerichtet; als die Sonne darauf fiel, sahen sie aus wie viele hundert Seifenblasen. Die Floristin kam mit einem kleinen Lastauto angefahren, um den Gebinden, für deren Arrangement sie fast den ganzen gestrigen Tag gebraucht hatte, den letzten Schliff zu geben. Robert fuhr zum Bahnhof, Tante Blanche abholen. Einem Kind war schlecht. Lauries Vater konnte seine Hosenträger nicht finden, und ihre Mutter bekam aus heiterem Himmel einen Wutanfall und verkündete, sie könne unmöglich den Hut aufsetzen, der eigens passend zu ihrer Brautmuttergarderobe angefertigt worden war. Sie kam herunter, mit dem Hut auf dem Kopf, um zu beweisen, dass sie Recht hatte. Es war eine Art Bäckerjungenmütze aus azaleenrosa Seide. «Ich sehe damit nach gar nichts aus», jammerte sie, und Laurie merkte, dass sie den Tränen nahe war, aber alle sagten ihr, sie sehe umwerfend aus, und wenn ihre Haare erst gemacht seien und sie ihre Brautmuttergarderobe anhabe, werde sie alle Übrigen ausstechen. Sie war noch nicht überzeugt, aber als die Friseuse kam, ließ sie sich nach oben führen.

«Gut», sagte Lauries Vater. «Es geht nichts über eine neue Frisur, um die Nerven zu beruhigen. Gleich wird sie wieder obenauf sein.» Er strich mit der Hand über sein schütteres Haar und sah Laurie an. «Und du? Wie steht's mit dir?», fragte er sie. Seine Stimme klang lässig, aber sie wusste, er dachte an Großvater, und das konnte sie nicht ertragen. Ihn absichtlich missverstehend, sagte sie: «Ich hab keinen Hut. Ich hab nur eine Blume.» Als sie die Miene ihres Vaters sah, hasste sie sich, aber bevor sie noch etwas sagen konnte, war er mit einer Ausrede fortgegangen, und es war zu spät.

Der Party-Service richtete in der Küche für alle ein kaltes Mittagessen an. Die ganze Familie setzte sich an den vertrauten Tisch und aß unvertraute Speisen, Hühnchen in Aspik, Kartoffelsalat und Obstdessert mit Sahne; gewöhnlich gab es bei ihnen Suppe, Brot und Käse. Nach dem Essen gingen alle nach oben, sich umziehen, und Laurie bürstete ihr seidiges Haar, wand es zu einem Krönchen und befestigte die Kamelie darin. Dann zog sie sich an, zog das lange, helle Kleid über ihren Unterrock und knöpfte die vielen winzigen Knöpfchen am Vorderteil zu. Sie befestigte eine Perlenkette am Nacken, nahm ihr Brautjungfernsträußchen und stellte sich vor den hohen Spiegel, der an der Innenseite der Tür hing. Sie sah ein Mädchen, blass und fremd, den Hals durch die aufgesteckten Haare entblößt, die dunklen Augen umschattet, das Gesicht ausdruckslos.

Sie dachte: *So sehe ich aus, seit Großvater tot ist. Unberührbar, unerreichbar. Ich möchte von ihm sprechen, aber ich kann nicht. Noch nicht. Wenn ich diesen Tag überstanden habe, wenn alles vorbei ist, dann kann ich vielleicht reden. Aber jetzt noch nicht.*

Sie öffnete die Tür, ging die steile Treppe hinunter, klopfte an die Schlafzimmertür ihrer Mutter und ging hinein. Ihre Mutter saß am Toilettentisch und tuschte sich die Wimpern, bevor sie sich schließlich den verhassten Hut vornahm. Ihre Haare, an welche die Friseuse soeben letzte Hand angelegt hatte, ringelten sich um ihren Hals. Sie sah ungemein hübsch aus. Ihr und Lauries Blick trafen sich im Spiegel. Dann drehte sie sich auf ihrem Hocker um und sah ihre jüngere Tochter lange an. Sie sagte mit einem kleinen Zittern in der Stimme: «O mein Liebling, du siehst ganz entzückend aus.»

Laurie lächelte. «Hattest du das nicht erwartet?»

«Doch, natürlich. Bloß, auf einmal fühle ich mich sehr mütterlich und stolz.»

Laurie gab ihr einen Kuss. «Ich bin früh

dran», sagte sie. Und fügte hinzu: «Du siehst auch entzückend aus. Und der Hut ist richtig hübsch.»

Ihre Mutter nahm ihre Hand. «Laurie …»

Laurie entzog sie ihr. «Frag mich nicht, wie ich mich fühle. Sprich nicht von Großvater.»

«Liebling, ich verstehe dich. Wir alle vermissen ihn. Wir alle haben ein großes leeres Loch im Herzen. Er sollte heute bei uns sein und ist es nicht. Aber Jane zuliebe, Andrew zuliebe, Großvater zuliebe dürfen wir nicht traurig sein. Das Leben muss weitergehen, und er hätte nicht gewollt, dass irgendetwas diesen Tag verdirbt.»

Laurie sagte: «Ich werde ihn nicht verderben.»

«Für dich ist es am schlimmsten. Das wissen wir alle.»

Sie erwiderte: «Ich will nicht darüber sprechen.»

Sie ging nach unten. Alles war bereit für den Hochzeitsempfang. Alles war unvertraut, alles war fremd. Es waren nicht nur das Haus, das unkenntliche Wohnzimmer, die Massen von

Blumen und die Tische des Party-Service. Sie selbst war sich fremd. Das dünne, luftige Kleid, die zierlichen Schuhe, die Kühle am Hals, ohne die dichten Haare, die ihr sonst über die Schultern fielen. Nichts war wie vorher. Sie wusste, dass es nie wieder wie vorher sein würde. Vielleicht war dies der Anfang des Altwerdens. Wenn sie wirklich alt wäre, würde sie vielleicht zurückblicken und denken: *Das war der Anfang. Das war der Tag, an dem ich aufhörte, ein Kind zu sein, der Tag, als mir bewusst wurde, dass nicht alles ewig so weitergehen konnte.*

Mit ihrem Sträußchen in der Hand trat sie durch die offene Glastür, setzte sich auf der Terrasse auf einen Stuhl und sah in den Garten. Auf dem Rasen waren kleine Tische und Stühle aufgestellt, die aufgespannten Sonnenschirme warfen dunkle runde Schatten auf das Gras. Hinten fiel der Garten zum blauen Wasser des Meeresarms ab. Hinter der Fuchsienhecke waren die Masten der Fischerboote und das steile Dach von Großvaters Haus zu sehen. Laurie dachte an Zauberei und die Launen der Zeit; man müsste die Uhr zurückdrehen können. Wieder zwölf Jahre alt sein, in Shorts und Turnschuhen mit dem Badetuch unterm Arm über den Rasen rennen, um Großvater zu ihrem täglichen Ausflug an den Strand abzuholen. Oder um mit der kleinen Bahn in die Stadt zu fahren, wo er sich mit Tabak und Rasierklingen eindeckte und Laurie ein Hörnchen Eis kaufte; und sie würden sich im Sonnenschein an die Hafenmauer setzen und den Männern bei der Arbeit an ihren Booten zusehen.

Auf der Straße hielt ein Auto vor dem Haus. Laurie hörte das Knirschen von Kies, eine Tür schlug, doch sie achtete nicht weiter darauf; sie nahm an, dass es etwas mit der Hochzeit zu tun hatte – ein in letzter Minute engagierter Barmixer oder der Briefträger mit Grußtelegrammen für das glückliche Paar. Dann aber ging die Haustür auf, und eine Männerstimme rief: «Ist jemand da?» Es war unverkennbar William Boscawan, der Trauzeuge.

Er war der letzte Mensch, den sie sehen wollte. Laurie erstarrte, sie verhielt sich still und stumm wie ein Schatten. Sie hörte ihn durch die Diele gehen und die Küchentür öffnen. «Niemand zu Hause?»

Sie ging lautlos in den heißen Garten und überquerte den Rasen. Der Wind fing sich in ihrem langen, dünnen Rock und blies den luftigen Stoff gegen ihre Beine, und die Sohlen der neuen Sandalen rutschten etwas auf dem trockenen Gras. Sie kam zu dem Gatter in der Fuchsienhecke, und niemand rief sie zurück. Sie öffnete das Gatter und ging den Weg entlang zu dem Zedernhaus.

Die Tür war unverschlossen. Sie war nie abgeschlossen gewesen. Laurie ging hinein und roch den Duft der Zederntäfelung, von Tabakrauch und einem Hauch von dem Pimentöl, das der alte Herr immer für seine Haare benutzt hatte. Der kleine Flur war voll gehängt mit Fotografien von den Schiffen, über die er das Kommando hatte. Sie sah seinen riesigen birmanischen Tempelgong und die Geweihe der Weißschwanzgnus, die er einst in Südafrika erlegt hatte. Sie öffnete die Tür zu seinem Wohnzimmer und ging hinein, und sie sah die abgenutzten Perserteppiche, die durchgesessenen Ledersessel. Es war sehr warm; eine Schmeißfliege brummte auf der anderen Seite des Zimmers am geschlossenen Fenster. Sie ging hinüber, entriegelte das Fenster und schob es auf. Ein Luftschwall füllte das stickige, verlassene Zimmer. Laurie trat hinaus auf die Veranda; die Flut plätscherte zu ihren Füßen gegen die Kaimauer, und der Meeresarm war so blau wie der Himmel und mit Sonnenflecken gesprenkelt.

Laurie fühlte sich mit einemmal so erschöpft, als sei sie meilenweit gelaufen. Großvaters Sessel stand neben dem Fernrohr. Sie setzte sich und breitete ihr Kleid sorgsam um sich aus, damit es nicht knitterte. Sie lehnte den Kopf zurück und schloss die Augen.

Leise Geräusche drangen in ihr Bewusstsein. Der Verkehr von der fernen Chaussee, das Plätschern des Flutwassers, das Kreischen einer einzelnen Möwe. Sie dachte, wenn sie einfach nur hier sitzen könnte, allein, ungestört, den ganzen Tag lang … nicht zu der Hochzeit gehen, mit niemandem reden …

Irgendwo ging eine Tür auf. Ein Luftzug bewegte Großvaters schwere Vorhänge. Laurie öffnete die Augen, rührte sich aber nicht.

Die Tür schloss sich wieder, dann kamen Schritte durch das Haus. Im nächsten Moment erschien William an dem offenen Fenster. Er kletterte über die Fensterbank und sah auf Laurie hinunter. Selbst in diesem Augenblick des Schreckens musste sie zugeben, dass er in seinem Stresemann mit der Trauzeugennelke hinreißend aussah. Der steife weiße Kragen unterstrich seine Sonnenbräune, seine schwarzen Haare passten zu dem dunklen Cut, seine Schuhe glänzten. Seine pure Maskulinität, sein Lächeln, seine leuchtenden blauen Augen vereinten sich zu einer Attraktivität, die unmöglich zu übersehen war. Er sagte: «Hallo, Laurie.»

«Was machst du hier?», fragte sie ihn. «Solltest du nicht lieber Andrew unterstützen und sehen, dass er pünktlich zur Kirche kommt?»

William grinste. «Andrew ist überhaupt nicht aufgeregt», erklärte er. Er ging ins Haus und kehrte mit einem Stuhl zurück, stellte ihn Laurie gegenüber und setzte sich, die langen Beine ausgestreckt und die Hände in den Hosentaschen. «Aber er hat ein bisschen Angst vor Konfetti in den Koffern. Deshalb bin ich gekommen, um Janes Gepäck zu holen, wir wollen es in einem unverdächtigen Wagen verstecken. Er hat nichts gegen Blechbüchsen an der

Stoßstange oder im Motor versteckte Heringe, aber er mag nicht, wenn der ganze Fußboden im Hotelzimmer voll Konfetti ist.»

«Hast du Jane gesehen?»

«Nein, aber dein Vater hat ihre Sachen runtergeholt. Und da hat er gemerkt, dass du verschwunden warst, aber eine Frau vom Party-Service hatte dich durch den Garten gehen sehen, und so bin ich hergekommen. Bloß um sicherzugehen, dass dir nichts fehlt.»

Laurie sagte: «Nein, mir fehlt nichts.»

«Du hast nicht vor, die Hochzeit zu verderben?»

«Natürlich nicht», beschied sie ihn kühl. «Solltest du nicht lieber zu Andrew gehen, bevor Panik ausbricht?»

William sah auf seine Uhr. «Wir haben noch zehn Minuten Zeit.» Er streckte sich und sah sich um. «Phantastisch ist es hier. Wie auf der Kommandobrücke eines Schiffes.»

Laurie lehnte sich zurück. «Hast du gewusst», fragte sie ihn, «hast du gewusst, dass dies nicht immer ein Meeresarm war? Vor langer, langer Zeit, bevor alles versandete, war hier eine Wasserstraße, die tief ins Land hinein reichte. Und die Phönizier sind bei Flut mit ihren Schiffen angesegelt gekommen, mit Gewürzen und Damast und allen Schätzen des Mittelmeers beladen. Und sie haben angelegt und ausgeladen und Tauschhandel getrieben und sich schließlich auf ihre lange, gefährliche Rückreise begeben, bis zu den Dollborden beladen mit Cornwall-Zinn. Das ist ungefähr zweitausend Jahre her. Denk nur. Zweitausend Jahre.» Sie sah William an. «Hast du das gewusst?»

«Ja», sagte William. «Aber es war nett, es wieder mal zu hören.»

«Es ist eine hübsche Vorstellung, nicht?»

«Ja. Das hält die Dinge im Lot.»

Laurie sagte: «Großvater hat es mir erzählt.»

«Das habe ich mir gedacht.»

Ohne zu überlegen, sagte sie es. «Ich vermisse ihn so sehr.»

«Ich weiß. Ich glaube, wir alle vermissen ihn. Er war ein wunderbarer Mensch. Er hatte ein wunderbares Leben.»

Sie hätte nicht gedacht, dass einer wie William den Admiral vermissen würde. Sie sah ihn verwundert an und dachte: *Ich kenne ihn gar nicht richtig.* Es war nicht, als spräche sie mit einem Fremden in der Eisenbahn. Plötzlich war es ganz leicht.

«Eigentlich war ich gar nicht so viel mit Großvater zusammen. In letzter Zeit war ich ja kaum noch zu Hause. Aber als ich klein war, war ich die ganze Zeit bei ihm. Ich kann mich nicht an den Gedanken gewöhnen, dass er nie wieder hier sein wird.»

«Ich weiß.»

«Es war nicht nur, dass er einem Sachen erzählte, wie die Geschichte von den phönizischen Schiffen vor zweitausend Jahren. In seinem Leben war so viel passiert. Die ganze Welt hat sich vor seinen Augen verändert. Er hat sich an alles erinnert. Und er hatte immer Zeit zum Reden. Er konnte Fragen beantworten und Dinge erklären. Etwa wie ein Boot gegen den Wind segeln kann, und die Namen der Sterne. Und wie man einen Kompass benutzt, und wie man Mah-Jongg spielt und Backgammon. Wer soll jetzt Roberts kleinen Kindern all diese wunderbaren Dinge erzählen?»

«Vielleicht ist das unsere Aufgabe», sagte William.

Sie sah ihm in die Augen. Seine Miene war ernst. Sie sagte: «Du findest mich unmöglich, nicht?»

«Nein.»

«Ich weiß, dass ich unmöglich bin, und alle denken, ich verderbe Jane die Freude. Ich tu's nicht mit Absicht. Es ist bloß, wenn ich ein bisschen mehr Zeit gehabt hätte … Aber diese Hochzeit …» Ihre Augen füllten sich plötzlich mit Tränen. «Oh, hätten wir sie nur verschieben können! Bloß für kurze Zeit. Ich kann den Gedanken nicht ertragen, in die Kirche zu müssen. Ich kann den Gedanken nicht ertragen, lächeln und nett zu den Leuten sein zu müssen. Ich ertrage es einfach nicht. Alle sagen, Großvater hätte gewünscht, dass die Hochzeit wie geplant stattfindet. Aber woher will einer wissen, was er gewünscht hätte? Sie konnten ihn nicht fragen, weil er nicht da war. Woher können sie wissen …?»

Sie konnte nicht weitersprechen. Die Tränen strömten ihr über die Wange. Sie versuchte sie fortzuwischen, und William zog ein Taschentuch aus seiner Hosentasche und reichte es ihr, und Laurie nahm es wortlos an, wischte mit dem weichen Baumwolltuch die Tränen ab, putzte sich dann die Nase. Sie sagte verzagt: «Ich wollte, ich könnte bis ans Ende meines Lebens hier sitzen bleiben.»

Er lächelte und sagte: «Das würde keinem Menschen etwas nützen. Und es würde den Admiral nicht zurückbringen. Und weißt du, du irrst dich. Er wollte wirklich, dass die Hochzeit stattfindet. Er hat es gesagt. Ungefähr zwei Wochen bevor er starb, war er bei meinem Vater. Ich glaube, er hat sich nicht ganz wohl gefühlt, oder er hatte vielleicht so was wie eine Vorahnung, jedenfalls, sie sprachen über die Hochzeit, und da sagte der Admiral zu meinem Vater, wenn ihm irgendwas passieren sollte, dann wollte er unter keinen Umständen, dass sich an Janes Hochzeit etwas ändert.»

Laurie wischte sich wieder die Augen. Nach einer Weile fragte sie: «Ist das wirklich wahr?»

«Ich gebe dir mein Wort, es ist wahr. Ist das nicht typisch für den alten Knaben? Er wollte immer alles tadellos geregelt und in Ordnung wissen. Und ich sag dir noch etwas, obwohl ich nicht vorgreifen sollte. Es ist im Vertrauen, du musst es für dich behalten.» Laurie runzelte die

Stirn. «Er hat dir dieses Haus vermacht. Er wollte, dass du es bekommst. Sein Lieblingsenkelkind und seine beste Freundin. Nein, nicht wieder weinen, sonst wird dein Gesicht ganz rot und fleckig, und du wirst eine hässliche Brautjungfer, keine schöne. Heute ist ein sehr glücklicher Tag. Blicke nicht zurück. Denk an Jane und Andrew. Kopf hoch. Der Admiral wird sehr stolz auf dich sein.»

Sie sagte: «Ich fürchte, ich benehme mich wie eine Idiotin.»

«Bestimmt nicht», versicherte William.

Und nun war es Zeit. Im Vorraum der alten Kirche stellten sich die Braut, ihr Vater und die Brautjungfer auf. Droben verstummte das Geläut der Hochzeitsglocken. Aus dem gedrängt vollen Mittelschiff waren das leise Flüstern und Rascheln einer ungeduldigen, festlichen Gemeinde zu hören. Laurie gab Jane einen Kuss und bückte sich, um den Rock ihres Kleides zurechtzurücken. Janes Brautstrauß duftete schwer nach Tuberosen.

Der Pfarrer wartete in seinem gestärkten weißen Chorrock, um die kleine Prozession anzuführen. Der Küster gab Miss Treadwell, der Dorflehrerin, die die Orgel spielte, ein Zeichen. Die Musik ertönte. Laurie atmete tief durch. Sie setzten sich in Bewegung, durch die Tür, die zwei breiten, flachen Stufen hinunter.

Das Innere der Kirche war halbdunkel, mit Blumen überfüllt und von ihrem Duft durchtränkt. Die Sonne schien durch die Buntglasfenster, als die Versammelten in ihrem Feststaat sich erhoben. Laurie dachte nicht an Großvaters Beerdigung, sondern konzentrierte sich auf den rosa Hut ihrer Mutter, die breiten Schultern ihres Bruders, die adrett gebürsteten Köpfe seiner Kinder. *Eines Tages,* dachte sie, *wenn sie größer sind, erzähle ich ihnen von den Phöniziern. Ich erzähle ihnen all die wunderbaren Dinge, die Großvater mir erzählt hat.*

Das war ein schöner Gedanke, um sich daran festzuhalten. Es war ein Blick nach vorn. Plötzlich wurde Laurie klar, dass das Schlimmste vorüber war. Sie fühlte sich nicht mehr nervös und elend. Sie fühlte sich einfach wunderbar ruhig, als sie hinter ihrer Schwester durch das geflieste Kirchenschiff schritt, im Takt der Musik.

Die Musik. Die Musik, die Miss Treadwell spielte. Sie war schallend, triumphierend, genau richtig für eine Hochzeit. Sie war vermutlich nie zuvor bei einem solchen Anlass gespielt worden, aber sie trug sie auf einer Woge von herrlichen, fröhlichen Klängen zum Altar.

Spanish Ladies

Ein Klumpen bildete sich in Lauries Kehle. Das habe ich nicht gewusst. Ich habe nicht gewusst, dass sie Großvaters Musik als Hochzeitsmarsch nehmen würden.

Aber wie hätte sie es auch wissen können? Sie hatte sich geweigert, zur Probe für die Trauung zu kommen, und vermutlich hatte keiner von der Familie den Mut gehabt oder sich ein Herz fassen können, es ihr zu sagen.

Goodbye and farewell to you, fair Spanish ladies …

Großvater. Er war hier. Er war in der Kirche, freute sich an der Tradition, der Feier, redete ihnen allen zu. Er gehörte nach wie vor zur Familie.

Goodbye and farewell to you, ladies of Spain

Andrew und William warteten am Ende des Mittelschiffs. Beide Männer beobachteten die kleine Prozession, die sich näherte. Andrews Augen waren auf Jane gerichtet, und Stolz und Staunen sprachen aus seinem ganzen Gesicht. William aber …

Er beobachtete Laurie, mit fester Miene, mitfühlend, zuversichtlich. Sie merkte, dass der Kloß in ihrer Kehle sich auflöste und dass sie nicht weinen würde. Sie wünschte, sie könnte William irgendwie verständlich machen, was ihr über Großvater in den Sinn gekommen war, aber dann fing sie seinen Blick auf, und er lächelte und schenkte ihr ein unmissverständliches Zwinkern, und da wurde ihr klar, dass sie es ihm nicht sagen musste, weil er es schon wusste.

Amita

Die Nachricht von Miss Tollivers Tod stand heute Morgen in der Zeitung. Mein Mann reichte sie mir über den Frühstückstisch, und der Name kam mir aus der eng bedruckten Spalte entgegen wie ein Schrei aus der Vergangenheit:

> TOLLIVER. Am 8. Juli verstarb in ihrem 90. Lebensjahr Daisy Tolliver, Tochter des verstorbenen Sir Henry Tolliver, ehemaliger Gouverneur der Provinz Barana, und der Lady Tolliver. Die Einäscherung findet im engsten Familienkreis statt.

Ich hatte seit Jahren nicht an die Tollivers gedacht. Ich bin jetzt zweiundfünfzig, mithin im fortgeschrittenen mittleren Alter, habe einen Mann, der kurz vor der Pensionierung steht, Kinder und Enkelkinder. Wir wohnen in Surrey, und Cornwall und die Kindheit scheinen weit, weit entfernt, in einer anderen Zeit und einer anderen Welt. Aber hin und wieder geschieht etwas, was alles wiederkehren lässt, wie ein Ton auf einem selten gespielten Klavier, und dann ist es, als seien die erfüllten Jahre dazwischen nie gewesen. Die alten, müßigen Tage sind wieder da, strahlend von ewigem Sonnenschein (hat es *nie* geregnet?) und erfüllt von erinnerten Stimmen, hastenden Schritten und herrlich nostalgischen Gerüchen. Schalen mit Gartenwicken im Salon meiner Mutter und der Duft von Pasteten, die im Ofen des schwarzen Eisenherdes gebacken wurden.

Die Tollivers. Als mein Mann sich verabschiedet hatte und zum Zug nach London gegangen war, ging ich mit der Zeitung in den Garten, setzte mich in den Schaukelstuhl am Rosenbeet und las die wenigen Zeilen noch einmal – *des verstorbenen Sir Henry Tolliver, ehemaliger Gouverneur der Provinz Barana.* Ich erinnerte mich an ihn, an sein rotes Gesicht, den gewaltigen weißen Schnurrbart und seinen Panamahut. Und ich erinnerte mich an Angus. Und Amita.

Wer Anfang der dreißiger Jahre ein Kind Britisch-Indiens war, führte ein unstetes Leben. Mein Vater war im indischen Staatsdienst in Barana stationiert und leitete dort die Fluss- und Hafenverwaltung. Seine vertragliche Verpflichtung ging über jeweils vier Jahre, während deren er völlig aus unserem Leben verschwand, bis er zu einem sechsmonatigen Urlaub zurückkehrte, der wie unendliche Ferien anmutete.

Wir waren charakteristisch für Tausende von Familien, bei denen die Last, in England die Kinder aufzuziehen und den Haushalt zu führen, zwangsläufig der Ehefrau zufiel, deren Leben ständig unter der quälenden Entscheidung litt, ob sie bei ihren Kindern bleiben oder ihren Mann in den Osten begleiten sollte. Tat sie Ersteres, ging jegliches Eheleben über Bord. Tat sie Letzteres, mussten Vorkehrungen zum Wohl der Kinder getroffen werden; es galt, Internatsschulen zu finden und nette Verwandte oder Freunde zu ersuchen, sich in den Ferien der

Kinder anzunehmen. Was sie auch tat, es führte stets zu unvermeidlichen, herzzerreißenden Abschiedsszenen. Damals gab es keinen Flugverkehr nach Indien. Die Zeit von Imperial Airways kam erst später, und die Schiffe der P & O, die von London ausliefen, brauchten drei Wochen für die Reise. Die Trennung war in der Tat absolut.

Meine Mutter ist zweimal in Indien gewesen. Einmal, bevor wir geboren waren, und einmal, als wir noch so klein waren, dass wir ihr Fortgehen kaum wahrnahmen.

Auf ihrer ersten Reise, als junge, liebreizende Braut, lernte sie Lady Tolliver kennen. Die Freundschaft, die zwischen ihnen erblühte, war ungewöhnlich, denn Lady Tolliver war gut eine Generation älter als meine Mutter und obendrein die Gattin des Gouverneurs, während meine Mutter schlicht die frisch angetraute Ehefrau eines jungen Beamten war.

Doch Lady Tolliver war bescheiden und freundlich. Sie fand meine Mutter erfrischend natürlich. Zu ihrem beiderseitigen Vergnügen und zur Verwunderung aller Übrigen ließen sie ihre Liegestühle nebeneinander auf dem

Schiffsdeck aufstellen, und da saßen sie im wohltuenden Sonnenschein, amüsierten sich mit ihrer Handarbeit und ihren lebhaften Gesprächen, während der große Dampfer durch das Mittelmeer glitt, den Suezkanal passierte und den blauen Indischen Ozean erreichte.

In England lebten die Tollivers in Cornwall, und dies war der Grund, weswegen meine Mutter, als sie hochschwanger aus Indien zurückkehrte und eine feste Bleibe brauchte, ein Häuschen in ihrer Nähe mietete. Es war sehr bescheiden, mit einem winzigen Gärtchen, denn mehr konnte sie sich nicht leisten, und dort wurden meine Schwester und ich geboren, dort wuchsen wir auf, ein wenig ärmlich, aber vollkommen zufrieden, und dort blieben wir, bis der Krieg uns für immer auseinander riss.

Im Rückblick führten wir ein sehr ereignisloses Leben, das bestimmt war von Schule und Ferien, den Briefen, die wir an unseren Vater schrieben und von ihm erhielten, von Weihnachten, wenn Päckchen kamen, würzig duftend und in Zeitungspapier gewickelt, das mit indischen Schriftzeichen bedruckt war. Alle drei bis vier Jahre folgte dann die große Aufregung, wenn unser Vater seinen Heimaturlaub hatte. Und ebenso oft verließen die Tollivers ihren indischen Palast und ihre zahlreichen Bediensteten, ihre Gartenfeste und Soireen und kamen ebenfalls nach Hause, um ihre Freunde zu sehen und ihr Haus zu beziehen und wie gewöhnliche Sterbliche zu leben.

Daisy war ihre älteste Tochter, unverheiratet und sehr musikalisch. Sie spielte an musikalischen Abenden Violine und begleitete jeden, den es zu singen drängte, auf dem Klavier. Nach ihr kam Mary, die mit einem in Quetta stationierten Soldaten verheiratet war, und dann Angus.

Angus war der Liebling der Familie, ja, er war der Liebling von jedermann, hübsch, blond, blauäugig, und er absolvierte sein letztes Jahr in Oxford. Er raste mit hoher Geschwindigkeit in einem Triumph-Cabriolet mit großen, polierten Scheinwerfern durch die Gegend, er spielte sehr gut Tennis und sah in seiner weißen Flanellhose und seinem blendend weißen Hemd wie ein Filmidol aus.

Meine Schwester Jassy, zwei Jahre älter als ich, war wahnsinnig in ihn verliebt, aber sie war damals erst zehn, und Angus war nie ohne ein hübsches Mädchen an seiner Seite zu sehen. Aber ich verstand, warum sie in ihn verliebt war, denn wenn es uns gelang, ihn in einem Moment zu erwischen, wo er nicht anderweitig beschäftigt war, dann war er stets bereit, mit uns Kricket zu spielen oder am Strand riesige Sandburgen zu bauen, mit tiefen Gräben, welche die Flut füllte, während wir planschten und schrien und wie verrückt gruben und die Dämme abstützten, um das Wasser fern zu halten.

Dann verließ Angus Oxford, und es blieb nicht aus, dass er seine Eltern nach Indien begleitete. Jedoch nicht als Staatsdiener, sondern als Angestellter von Ironsides, der großen Schifffahrtsgesellschaft, die den Betrieb übernommen hatte, als die Ostindien-Companie aufgab. Infolgedessen wohnte er nicht bei seinen Eltern im Regierungsgebäude, sondern er hatte in der Stadt eine eigene Wohnung, die er mit einigen anderen, ungefähr gleichaltrigen jungen Männern teilte.

Es ist schwierig, sich zu erinnern, wann die ersten Gerüchte durchsickerten. Und es ist unmöglich, sich zu erinnern, wie Jassy und ich mitbekamen, dass etwas nicht stimmte. Meine Mutter erhielt einen Brief von meinem Vater. Sie las ihn beim Frühstück; sie verkniff den Mund wie immer, wenn es etwas geheim zu halten galt. Den Rest der Mahlzeit schwieg sie. Ich hatte ein beklemmendes Gefühl im Magen, das mich den ganzen Tag nicht losließ.

Dann kam Mrs. Dobson zu meiner Mutter zum Tee. Mrs. Dobson war auch eine Indien-Strohwitwe, die nicht um ihrer Kinder willen in England blieb, sondern weil sie sehr zart war und das heiße Klima des Ostens nicht vertrug. Ich spielte im Garten und stieß unvermutet zu ihnen, sodass ich das Ende ihres Gespräches aufschnappte.

«Aber wie konnte er sie kennen lernen?»

«Das kann man nie wissen. Er hatte immer ein Auge für hübsche Mädchen.»

«Aber er hätte jede haben können. Wie konnte er so dumm sein. Warum alle seine Chancen aufs Spiel setzen …?»

Meine Mutter erspähte mich. Sie machte eine rasche Handbewegung, und Mrs. Dobson brach ab, drehte sich um und lächelte sogleich, als freue sie sich, mich zu sehen. «Ah, da ist ja Laura. Bist du aber ein großes Mädchen geworden.» Und ich durfte mit ihnen Tee trinken und alle belegten Gurkenbrote essen, als ob ich darüber alles vergessen könnte, was ich womöglich aufgeschnappt hatte.

Am Ende ließ Doris, unser Hausmädchen, die Katze aus dem Sack. Doris' Freund war Arthur Penfold, der den Garten der Tollivers in Ordnung hielt. An Doris' freiem Tag holte Arthur sie mit seinem Motorrad ab, und sie fuhren zu den Vergnügungsstätten von Penzance; Doris legte die Arme um Arthurs Taille, und ihr Rock wehte von ihren langen, wohlgeformten, kunstseidenbestrumpften Beinen hoch.

Manchmal, wenn ich abends die Haare gewaschen haben wollte oder Lust auf Gesellschaft hatte, kam Doris nach oben und badete mich.

Sie kniete auf der Badematte, schrubbte den Schmutz des Tages von meinen Knien. Die feuchte Luft war von dem Duft von Pear's Seife erfüllt. Doris sagte: «Angus Tolliver heiratet.»

Ich verspürte einen kurzen Stich, aus Mitleid

mit Jassy. Sie hatte vorgehabt, ihn selbst zu heiraten, wenn er nur lange genug warten würde, bis sie erwachsen wäre.

«Woher weißt du das?», fragte ich.

«Arthur hat's mir erzählt.»

«Woher weiß er es?»

«Agnes hat es seiner Mutter geschrieben.» Agnes war Lady Tollivers Hausangestellte, eine mürrisch aussehende Frau, die ergeben nach Indien reiste und unter der stechenden Hitze Qualen litt, nur weil sie den Gedanken nicht ertragen konnte, dass eine dunkelhäutige Frau Lady Tollivers Leibwäsche bügelte. «Da draußen soll's drunter und drüber gehen, hab ich gehört.»

«Warum?»

«Sie wollen nicht, dass Angus heiratet.»

«Warum nicht?»

«Weil sie Inderin ist. Darum. Mr. Angus heiratet eine Inderin.»

«Eine Inderin!»

«Na ja, Halbinderin.»

Das war noch schlimmer. Eine Anglo-Inderin. Chi-Chi. Ich hasste diesen Spitznamen, weil ich es hasste, wie die Leute ihn benutzten. Trotzdem war ich entsetzt. Ich war nie in Indien gewesen, aber im Laufe der Jahre hatte ich, einem Schwamm gleich, von meinen Eltern und den Erwachsenen, mit denen sie befreundet waren, die Traditionen, ihre Sprechweise und die meisten ihrer Vorurteile aufgesogen. Ich kannte mich mit Indien aus. Ich wusste über die heiße Witterung und die Regenzeit Bescheid. Ich wusste von den Reisen ins Landesinnere. Ich wusste von Durbars, den Empfängen am Hofe der Maharadschas, und festlich geschmückten Elefanten, von großen stolzen Umzügen im flirrenden Sonnenlicht. Ich wusste, dass der Butler «bearer», der Gärtner «mali», der Stallbursche «syce» genannt wurde. *Burra* hieß groß und *chota* hieß klein. Wenn meine Schwester mich ärgern wollte, nannte sie mich Missy Baba.

Und ich war über Anglo-Inder aufgeklärt. Anglo-Inder waren weder Fisch noch Fleisch. Sie arbeiteten in Kontoren und bei der Eisenbahn. Sie trugen Tropenhelme und sprachen Kauderwelsch und benutzten (unsagbar) kein Papier, wenn sie auf die Toilette gingen.

Und Angus Tolliver würde eine von ihnen heiraten.

Ich konnte nicht darüber sprechen. Angus, der Stolz der Tollivers, der einzige Sohn des Gouverneurs, heiratete eine Anglo-Inderin. Die Schande seiner Familie war meine Schande, denn obwohl ich erst acht Jahre alt war, wusste ich, wenn er das tat, würde er sich von allem ausschließen, was ihm vertraut war. Er würde sich zurückziehen und aus unserem Leben verschwinden müssen. Er wäre für immer verloren.

Ich trug meinen Jammer drei Tage mit mir herum, bis meine Mutter, die mein trübsinniges Gesicht keine Minute länger ertragen konnte, mich fragte, was mir fehle. Gequält, ohne ihr ins Gesicht zu sehen, sagte ich es ihr.

«Woher weißt du es?», fragte meine Mutter.

«Doris hat's mir gesagt. Arthur Penfold hat's ihr erzählt. Agnes hat es seiner Mutter geschrieben.» Ich zwang mich, zu meiner Mutter hochzublicken, und stellte fest, dass sie mich nicht ansah. Sie versuchte, Blumen in einer Vase zu ordnen, aber ihre sonst so geschickten Finger waren unbeholfen. «Ist es wahr?»

«Ja, es ist wahr.»

Meine letzte Hoffnung erstarb. Ich schluckte. «Ist es eine … Anglo-Inderin?»

«Nein. Ihre Mutter war Inderin und ihr Vater Franzose. Ihr Name ist Amita Chabrol.»

«Wird es ganz schrecklich, wenn er sie heiratet?»

«Nein, nicht schrecklich. Aber es ist nicht richtig.»

«Warum?» Ich wusste von dem Chi-Chi-Akzent, den Tropenhelmen, dem gesellschaftlichen Stigma. Aber es ging um *Angus*. «Warum ist es nicht richtig?»

Meine Mutter schüttelte den Kopf, fast als halte sie sich krampfhaft zurück, um nicht aufzuschreien oder mich zu schlagen oder in Tränen auszubrechen.

«Es ist eben so. Rassen sollen sich nicht vermischen. Es ist … es gehört sich nicht, der Kinder wegen.»

«Du meinst, es gehört sich nicht, Babys zu haben, die halb das eine sind und halb das andere?»

«Ja.»

«Aber warum?»

«Weil das Leben hart für sie ist.»

«Warum ist das Leben hart für sie?»

«O Laura. Weil es so ist. Weil die Leute auf sie herabsehen. Die Leute sind grausam zu ihnen.»

«Aber nur die garstigen Leute.» Ich sehnte mich nach einer Bestätigung von ihr, dass sie zu einem kleinen anglo-indischen Kind nicht grausam sein würde. Sie liebte Kinder, und Babys ganz besonders. «*Du* würdest nicht böse zu ihnen sein», sagte ich flehend.

Sie verharrte mitten im Abzupfen der Blätter einer Rose. Sie schloss die Augen, als versuchte sie, etwas zu verbergen. Ich glaube, in diesem Moment baten ihre natürlichen Instinkte sie, sich auf meine Seite zu stellen, aber sie hatte zu lange mit den alten Vorurteilen gelebt, und die starren Stränge der Konvention waren für sie zu fest geschnürt, um sich losreißen zu können. Ich wartete, dass sie sich verteidigte, aber als sie die Augen wieder öffnete und mit ihrem Tun fortfuhr, sagte sie nur: «Es ist nicht richtig. Das ist alles, was ich dir sagen kann. Und erst recht, da Angus' Vater der Gouverneur der Provinz ist.»

«Was können sie machen?»

Sie konnten nichts machen. Angus und seine

Braut wurden in aller Stille in einer kleinen, unbedeutenden Kirche in der weniger eleganten Gegend von Barana getraut. Die Eltern Tolliver waren nicht zugegen. Die Hochzeitsreise verbrachten sie in einem Erholungsort in den Bergen von Kaschmir. Als sie zurückkamen, kündigte Angus bei Ironsides, und nach einigem Suchen fand er eine bescheidene Stellung im Geschäft eines hart arbeitenden Tamilen. Er zog mit Amita in ein kleines Haus in einem Viertel, das weitab von den englischen Residenzen lag. Die lange Verbannung in die Einöde hatte begonnen. Drei Jahre später, 1938, kamen sie nach Hause. Die Tollivers hatten sich unterdessen zur Ruhe gesetzt und wohnten nun ständig in ihrem Haus in Cornwall. Sie waren älter geworden, hatten ein wenig von ihrem Glanz verloren. Sir Henry verbrachte seine Tage mit dem Schreiben seiner Memoiren und dem Jäten der Blumenbeete. Lady Tolliver ging mit einem Körbchen Einkäufe machen und spielte nachmittags Mah-Jongg. Daisy Tolliver versenkte sich in gute Werke und leitete mit ihrer Violine das Orchester des Ortes.

Doris und Arthur Penfold heirateten, und

Jassy und ich waren Brautjungfern, in weißen Organdykleidern mit blauen Schärpen. Auf dieser Hochzeit erzählte uns Lady Tolliver von Angus und Amita.

«Er kommt mit ihr für einen kurzen Besuch nach Europa. Sie besuchen Amitas Großeltern in Lyon, und dann kommen sie für ein paar Tage zu uns.» Ihr Gesicht, das nun ganz runzlig war, blähte sich bei dieser Aussicht vor Freude, und ich dachte, wie schön für sie, dass sie ihr Glück zeigen kann, ohne Angst, jemanden zu beleidigen oder ihren Mann in Schwierigkeiten zu bringen. Sie musste froh sein, fand ich, wieder ein normaler Mensch zu sein, frei von all den gesellschaftlichen Zwängen ihres früheren feudalen Lebens.

«Er möchte dich und Jassy sehen. Er hatte euch beide immer gern. Ich spreche mit eurer Mutter, es lässt sich bestimmt etwas arrangieren.»

Jassy war jetzt vierzehn. «Bist du aufgeregt», fragte ich sie, «weil du Angus Tolliver wieder sehen wirst?»

«Nicht besonders», sagte Jassy obenhin. «Ich wünschte, er würde sie nicht mitbringen.»

«Du meinst Amita?»

«Ich will sie nicht sehen. Ich will nichts mit ihr zu tun haben.»

«Weil sie mit Angus verheiratet ist oder weil sie Halbinderin ist?»

«Halbinderin», spottete Jassy, «sie ist eine Chi-Chi. Ich weiß nicht, wie Lady Tolliver es ertragen kann, sie im Haus zu haben.»

Es verschlug mir die Sprache. Ich konnte verstehen, dass Jassy eifersüchtig war, aber nicht gehässig. Entrüstet ließ ich sie allein.

Es wurde verabredet, dass Lady Tolliver und Daisy mit Angus und Amita zu uns zum Tee kamen, und als der festgesetzte Tag nahte und Jassys Verfassung keine Besserung zeigte, bangte mir mehr und mehr davor. Ich stellte mir Angus vor, schäbig in einem schlecht geschneiderten Anzug, mit seiner ärmlichen Frau im Schlepptau. Vielleicht wusste sie nicht mal, wie man das Buttermesser benutzt. Vielleicht kühlte sie ihren Tee durch Blasen ab. Vielleicht hatte Angus schon genug von ihr und schämte sich ihrer und bereute seine vorschnelle Heirat. Und seine Verlegenheit würde uns alle anstecken, wie eine quälende, lähmende Krankheit.

Am Tag der Teegesellschaft gingen Jassy und ich nach dem Mittagessen mit ein paar Freundinnen zum Schwimmen an den Strand. Die Freundinnen hatten ein Teepicknick mitgenommen, aber um drei Uhr verabschiedeten wir beide uns und ließen sie allein, gingen über den Golfplatz nach Hause, unsere nassen Badesachen unterm Arm, unsere Beine und Füße mit Sand überkrustet.

Es war ein warmer, windiger Tag. Zu unseren Füßen wuchs Thymian, und wenn wir darauf traten, verströmte er einen süßen, minzigen Geruch. An der Kirche blieben wir stehen, um unsere Schuhe anzuziehen, dann eilten wir weiter. Die sonst so redselige Jassy war stumm. Wie ich sie so ansah, wurde mir klar, sie konnte nichts dafür, dass sie die ganze Zeit so unausstehlich gewesen war. Sie war genauso nervös und gespannt wie ich wegen der Begegnung mit Angus und Amita, aber es berührte uns auf verschiedene Weise.

Unsere Mutter war in der Küche und bestrich frisch gebackene Hörnchen mit Butter.

«Nach oben, umziehen», befahl sie uns. «Macht schnell. Ich habe euch alles auf die Betten gelegt.»

Mutter trug ihr türkisgrünes Leinenkleid mit der Hohlsaumstickerei und den blauen Glasperlen, das mein Vater ihr zum Geburtstag geschenkt hatte. Ihr bestes Kleid. Für uns hatte sie Baumwollkleider mit passenden Schlüpfern herausgelegt, metzgerblau mit weißen Blümchen, dazu frische weiße Socken und rote Schuhe mit Riemchen und Knöpfen. Wir wuschen uns Hände und Gesicht, und Jassy half mir mit meinen Haaren, die dick und lockig und an diesem Nachmittag voll Sand waren.

Während wir uns hiermit befassten, hörten wir das Auto. Es kam die Straße entlang und hielt vor unserem Tor. Unten ging die Haustür auf, und wir hörten unsere Mutter den Weg hinuntergehen, um ihre Gäste zu begrüßen.

«Komm», sagte Jassy. Wir schickten uns an hinunterzugehen, doch im letzten Augenblick kehrte sie um, nahm ihr goldenes Medaillon aus ihrer Schublade und schloss die Kette im Nacken. Ich wünschte, ich hätte ein Medaillon, einen Talismann, irgendetwas, um meinen Mut zu festigen.

Sie waren im Wohnzimmer. Die Tür zur Diele stand offen, und wir hörten leise Stimmen, Gelächter. Jassy, vielleicht von ihrem Medaillon ermutigt, ging voran, und ich folgte bange hinterdrein. Als ich durch die Tür trat, hörte ich Angus sagen: «Jassy!», und schon hielt er sie in seinen Armen, ganz so, als sei sie noch ein kleines Mädchen. Ich bemerkte, dass Jassy errötete, und dann sah ich an ihnen vorbei. Lady Tolliver hatte es sich schon im besten Sessel bequem gemacht. Daisy Tolliver saß auf einem niedrigen Hocker, und auf dem Fenstersitz saßen, Seite an Seite mit dem Rücken zum Garten, meine Mutter und ... Amita.

Als Erstes fiel mir ihr flammend roter Sari auf, der wie ein trotziger Schrei anmutete. Aber wie soll ich sie weiter beschreiben? Ein Paradiesvogel vielleicht, prachtvoll und fehl am Platz inmitten der Schatten, die die Gartenwicken an einem heißen Sommernachmittag in ein englisches Wohnzimmer warfen.

Sie war klein, schön proportioniert und ihre

Haut war glatt und golden wie Bernstein. Ihre Augen waren riesengroß, dunkel und wunderschön geschminkt. Edelsteine glitzerten in ihren Ohren, funkelten an Handgelenken und Fingern, und ihre bloßen Füße steckten in zierlichen goldenen Riemchensandalen. Dies alles war rein indisch, aber ihr Haar verriet den europäischen Einschlag, es war dicht, schwarz und lockig. Sie trug es schulterlang, und es umrahmte ihr Gesicht wie das eines Kindes. Sie hatte ein Handtäschchen aus Goldleder, und das Zimmer war erfüllt von dem feinen Moschusduft ihres Parfums.

Ich konnte die Augen nicht von ihr wenden. Ich bekam einen Kuss von Angus, ich bekam einen Kuss von Lady Tolliver, und die ganze Zeit starrte ich Amita an. Als ich ihr vorgestellt wurde, lachte sie. Vielleicht lag es an ihrer braunen Haut, aber ich meinte, noch nie so strahlend weiße Zähne gesehen zu haben.

Sie sagte: «Soll ich dir auch einen Kuss geben?»

Ihre Stimme bezauberte mich. Die Vokale hatten einen ganz leichten französischen Akzent.

Ich sagte: «Ich weiß nicht.»

«Wollen wir es versuchen?»

Da gab ich ihr einen Kuss. Nie zuvor war mir etwas so Zauberhaftes widerfahren, und als ich sie küsste, von ihrer Schönheit verwirrt und behext, ging mir ein Gedanke durch den Kopf, sachte, wie die Berührung eines Mottenflügels, wie etwas, das man fortwischt. *Weswegen die ganze Aufregung?*

Ich weiß nicht mehr viel von jenem Nachmittag, erinnere mich nur noch an ein Gefühl von ungewohntem Glanz, der durch das kleine Haus meiner Mutter zu wehen schien wie ein Schwall kühler, klarer Luft. Angus hatte sich verändert, aber zu seinem Vorteil, fand ich. Er war jetzt ein Mann. Das Jungenhafte in Aussehen und Temperament war verschwunden, er hatte etwas Behutsames, Zurückhaltendes, aber auch Stärkeres. Vielleicht Stolz, oder das Gefühl, etwas geleistet zu haben. Ich weiß es nicht. Er kam mir größer vor, was seltsam war, denn als ich älter wurde, wurden die Erwachsenen merkwürdigerweise immer kleiner. Vielleicht hatte ich vergessen, wie aufrecht und gerade er sich hielt. Vergessen, wie breit seine

Schultern und wie wohlgeformt seine tüchtigen Hände waren.

Die Unterhaltung am Teetisch war wunderbar kultiviert. Sie sprachen von Venedig und Florenz, wo sie vor kurzem gewesen waren, und von den Gemälden El Grecos, die sie in Madrid gesehen hatten. Sie hatten Paris besucht, und Angus neckte Amita, weil sie so viele neue Kleider gekauft hatte, und sie lachte nur und sagte zu meiner Mutter: «Wie kann man von einem Mann erwarten, dass er versteht, dass alles, die Hüte und die Schuhe und die vielen Geschäfte, unwiderstehlich ist?» Nur hörte es sich bei ihr an wie «unwiiiiderstehlich», und dann lachten wir alle.

Angus erzählte uns, dass sie Indien verlassen und nach Birma gehen würden, weil Angus Geschäftsführer eines neuen Kontors geworden war, das in Kürze in Rangun eröffnet würde. Sie wollten sich dort ein Haus suchen, und Angus wollte sich ein kleines Boot anschaffen und drohte Amita, ihr das Segeln beizubringen. Und dies rief noch mehr Heiterkeit hervor, weil Amita schwor, wenn sie ein Boot nur ansehe, sei sie schon seekrank, und das Anstrengendste, was sie je in ihrem Leben getan habe, sei das Umblättern der Seiten eines Buches gewesen.

Nach dem Tee gingen wir in den Garten. Lady Tolliver, Daisy und meine Mutter unterhielten sich, und Jassy, die Angus offensichtlich verziehen und ihre gute Laune wieder gefunden hatte, setzte sich zu ihm und bat ihn, von Tigerjagden und Hausbooten in Kaschmir zu erzählen. Amita bat mich, ihr den Garten zu zeigen, und ich führte sie zum Rosenbeet und versuchte, mich an die Namen der Rosen zu erinnern. «Elisabeth von Glamis, Erna Harkness, und diese kleine Kletterrose heißt Albertine. Sie duftet nach süßen Äpfeln.»

Amita lächelte mich an. Sie sagte: «Liebst du Blumen?»

«Ja. Fast mehr als alles andere.»

Sie sagte: «In Rangun werde ich den schönsten Garten haben, den sich irgendein Mensch jemals erträumt hat. Mit Bougainvilleen und Tempelblumen und Jakarandabäumen und Stockrosen, größer als ein Mensch. Und ich werde einen grünen Rasen haben mit Pfauen und weißen Kranichen, und mit runden Teichen, von Rosen umstanden, und in dem Wasser wird sich der blaue Himmel spiegeln. Und wenn du groß bist, vielleicht siebzehn oder so, musst du Angus und mich besuchen kommen, dann zeige ich dir alles. Wir geben Abendgesellschaften für dich und Bälle und Mondschein-Picknicks am Strand. Und junge Männer werden dich in Scharen umringen und sich in dich verlieben.»

Ich sah Amita an, geblendet, gebannt von der Vision von mir mit siebzehn, schön und schlank wie Amita, mit einem ansehnlichen Busen und einer sehr schmalen Taille. Ich sah die vielen Verehrer, groß und aufrecht, in prächtigen Uniformen. Ich hörte Musik und roch den schweren Duft der Tempelblumen und sah Mondlicht auf dem Wasser …

Sie sagte: «Wirst du kommen?»

Ihre Stimme zerstörte den Traum. Sie hatte ihr Lachen verloren. Amitas dunkle Augen glänzten von unvergossenen Tränen. Und ich wusste, alles war Phantasie. Sie würde nie einen großen, schönen Garten in Rangun haben, weil das Leben, das sie und Angus für sich gewählt hatten, ihnen solchen Luxus nicht bieten konnte. Und ich würde sie nie besuchen. Sie würde meine Mutter nicht fragen, und selbst wenn, würde Mutter es mir nicht erlauben. Es war alles nur Schein. Sie wusste es, und ich wusste es, dennoch konnte ich es nicht ertragen, sie so traurig zu sehen, und ich lächelte ihr ins Gesicht und sagte: «Natürlich komme ich. Ich komme gerne. Lieber als alles andere auf der Welt.»

Da lächelte sie und blinzelte die Tränen fort. Sie nahm meinen Kopf zwischen ihre Hände und hob mein Gesicht zu ihrem empor. Sie sagte: «Eines Tages werde ich selbst ein kleines Mädchen haben. Und ich wünsche mir, dass es so süß wird wie du.»

Da waren wir uns auf einmal ganz nahe. Mir war fast, als hätte ich sie mein Leben lang gekannt und würde sie bis in alle Ewigkeit kennen. Und in diesem Moment wusste ich mit schneidender Gewissheit, dass sich alle geirrt hatten. Meine Mutter und mein Vater und die Tollivers, und ihre Eltern und davor deren Eltern. Die Vorurteile, der Snobismus, die Traditionen stürzten zusammen wie ein

Kartenhaus, und daran hat sich seither nichts geändert.

Indem sie die Wahrheit aus einem Wirrwarr kindlicher Impressionen schälte, veränderte Amita mein ganzes Leben. *Weswegen die ganze Aufregung?*, hatte ich mich gefragt, und die Antwort lautete: *Wegen nichts.* Menschen sind Menschen. Manche sind gut, manche sind schlecht, manche schwarz, manche weiß, aber wie auch immer unsere Hautfarbe oder der Unterschied im Glauben und in Traditionen, wir haben uns alle etwas zu geben, und wir haben alle etwas gemeinsam, und wenn es nur das Leben selbst ist.

Bevor sie aufbrachen, ging Amita zum Auto hinaus und kehrte mit zwei Päckchen zurück, eines für Jassy und eines für mich. Als die Tollivers fort waren, machten wir sie auf und fanden die Puppen. Solche Puppen hatten wir noch nie gesehen, so adrett und erwachsen und schön zurechtgemacht, bis hin zu den lackierten Zehennägeln an den winzigen Papiermachéfüßchen und den kleinen, glitzernden Ohrringen. Unsere anderen Puppen hatten

Namen wie Rosemarie und Grübchen, aber die Puppen, die Amita uns geschenkt hat, bekamen keine Namen. Wir haben nicht mit ihnen gespielt. Wir haben sie betrachtet und sie in einer Glasvitrine in unserem Schlafzimmer verwahrt, zusammen mit dem Puppenteeservice meiner Großmutter und den geschnitzten Holztieren, die wir von einer alten Tante bekommen hatten.

Ich konnte es nicht ertragen, mit irgendjemand über Amita zu sprechen. «Fandest du sie nett?», fragte meine Mutter eines Tages, als Jassy bei einer Freundin zum Tee war und wir allein waren.

Aber ich konnte ihr nicht sagen, wie mir zumute war oder was ich gelernt hatte, denn jetzt standen sie und ich auf entgegengesetzten Seiten des Zaunes. Wir waren keineswegs verfeindet, aber wir vertraten verschiedene Meinungen und mussten lernen, für den Rest unseres Lebens damit zu leben.

Darum sagte ich nur «ja» und aß mein Butterbrot.

Ich sah Angus und Amita nie wieder. Der Krieg brach aus, und sie konnten nicht nach Hause kommen. Amita war schwanger, als die Japaner in Birma einfielen, aber sie entkam aus Rangun und marschierte zusammen mit einigen Beamten des Forstamtes, einer Anzahl wertvoller Elefanten mitsamt ihren Elefantentreibern sowie einer Gruppe britischer Frauen und Kinder nordwärts nach Assam. Angus blieb zurück, um sein Kontor aufzulösen und alle wichtigen Papiere zu vernichten. Er versprach nachzukommen, aber er brach zu spät auf, wurde von den Japanern gefangen genommen und starb ein Jahr später im Gefangenenlager.

Was Amita betraf, so erwies sich der lange Marsch für ein Mädchen, das nie etwas Anstrengenderes getan hatte, als die Seiten eines Buches umzublättern, als zu viel. Einen Tag nachdem die erschöpften Flüchtlinge nach Assam wankten, setzten bei Amita vorzeitig die Wehen ein. Man besorgte ihr ein Bett in einem Krankenhaus, aber sie konnten wenig für sie tun. Ihr Kind wurde tot geboren, und wenige Stunden darauf starb auch Amita.

Ich habe die Puppe noch, die sie mir geschenkt hat. Die gefärbten Haare umrahmen den dunklen Kopf, die Augen sind mit Kajal umrandet, der kleine Sari glitzert von Pailletten und Goldgarn. Wenn meine Enkelin eines Tages alt genug ist, werde ich ihr die Puppe zum Spielen geben und ihr von Amita erzählen.

Ich könnte ihr auch von der Wahrheit erzählen, die Amita mir an jenem Sommernachmittag so eindrucksvoll klargemacht hat. Aber ich hoffe und glaube, dass sie, bis sie alt genug ist, um die Puppe geschenkt zu bekommen, es von selbst herausgefunden haben wird.

Umschlaggestaltung Susanne Heeder
(Foto: photonica / Akio Inoue)

Satz Palatino PostScript (PageOne)
Gesamtherstellung CPI – Clausen & Bosse, Leck